ELIZABETH AND
ESSEX:A TRAGIC HIS

伊丽莎白女王
与埃塞克斯伯爵
一部悲剧的历史

[英国] 利顿·斯特莱切　肖婷译

江苏凤凰文艺出版社

图书在版编目(CIP)数据

伊丽莎白女王与埃塞克斯伯爵:一部悲剧的历史 /
(英)利顿·斯特莱切(Lytton Strachey)著;肖婷译 .
—南京:江苏凤凰文艺出版社,(2023.11重印)
(世界著名女王传记丛书)
ISBN 978-7-5594-3042-7

Ⅰ.①伊… Ⅱ.①利… ②肖… Ⅲ.①伊丽莎白一世
(Elizabeth Ⅰ 1533—1603)—传记 Ⅳ.① K835.617=33

中国版本图书馆 CIP 数据核字(2018)第 241240 号

伊丽莎白女王与埃塞克斯伯爵:一部悲剧的历史

(英)利顿·斯特莱切 著　　肖婷　译

出 版 人	张在健
责任编辑	张恩东　孙建兵
出版发行	江苏凤凰文艺出版社
	南京市中央路 165 号,邮编:210009
网　　址	http://www.jswenyi.com
印　　刷	江苏扬中印刷有限公司
开　　本	880 毫米 × 1230 毫米　1/32
印　　张	7.125
字　　数	150 千字
版　　次	2018 年 11 月第 1 版　2023 年 11 月第 2 次印刷
标准书号	ISBN 978-7-5594-3042-7
定　　价	29.80 元

江苏凤凰文艺版图书凡印刷、装订错误,可向出版社调换,联系电话 025-83280257

目 录

第一章 ·· 1
第二章 ·· 7
第三章 ·· 26
第四章 ·· 30
第五章 ·· 36
第六章 ·· 58
第七章 ·· 77
第八章 ·· 89
第九章 ·· 112
第十章 ·· 123
第十一章 ·· 142
第十二章 ·· 159
第十三章 ·· 174

第十四章 …………………………………………… 190

第十五章 …………………………………………… 196

第十六章 …………………………………………… 212

第十七章 …………………………………………… 221

第一章

英国的宗教改革不仅仅关乎宗教，同时还涉及社会。就在中世纪的精神信仰崩塌的时候，一场彻底而影响深远的革命在世俗王权的统治下爆发了。长期居于统治地位的骑士和教会神职人员逐渐没落，风光不再，转而被新的阶级取代，他们既非骑士阶级也非宗教人员，但实力雄厚且蓬勃生长，并且把政府的权力和利益通通纳入囊中。这个横空出世的贵族阶级原来是由老练且狡诈的亨利八世所建立起来的，最终却压倒了产生这一阶级的力量。国王统而不治，并无实权。事实上拉塞尔、卡文迪许以及塞西尔三大家族牢固地统治着英格兰，世代相传。很难想象没有这三大家族，英格兰会是怎样一番景象。直到今天，他们依然举足轻重。

政权在伊丽莎白统治期间迅速地完成更替，一五六九年的北方伯爵叛乱是为挽救面临灭亡的旧社会制度所做的最后挣扎。不幸的是，叛乱失败了，来自霍华德家族的懦弱的诺福克公爵被推上断头台，最后也没能够与思慕已久的苏格兰玛丽女王成婚。新的社会制度最终确立。但是，古代的封建制度仍有残余，在伊丽莎白统治期间，封建主义的余星再一次被点燃，而主要的人物就是埃塞克斯伯爵德福鲁。封建主义重生的火苗是辉煌的，光芒中映照出古老的骑士风度和那个时代为人敬仰的勇敢，但只有精神而没有燃料支撑。火焰迅速地燃烧，摇曳在风中，随之猛然被扑灭。埃塞克斯的一生中，问题频出，混乱不堪，深陷忧虑的深渊，决策糟糕透顶，这个被摒弃的世界中形形色色的痛苦挣扎在埃塞克斯伯爵所经历的个人灾难中依稀可辨。

德福鲁的父亲，曾经被伊丽莎白授予埃塞克斯伯爵爵位，这显赫的家世是从中世纪英格兰所有名门望族传下来的。亨廷登伯爵，赛特伯爵以及费勒贵族中的博恩家族，鲍彻里弗斯家族和金雀花家族都与他有血缘关系。其中一位女性祖先埃莉诺·德·博恩是玛丽的姐妹，也是亨利四世的妻子；另外一位女先人安妮·伍德维尔是伊丽莎白的姐妹，同时也是爱德华四世的妻子。由于格洛斯特公爵伍德斯托克·托马斯的关系，他的家族能够追溯到爱德华三世。这位第一代伯爵心怀梦想，品德高尚却很不幸。他内心把自己定位成一位十字军战士，梦想启程去征服爱尔兰。然而，王宫里的阴谋诡计，女王的吝啬以及科恩一族的野蛮残暴对于他来说是重重的阻碍。他什么也没做成，就失去了一切，心碎而终。他的儿子罗伯特出生于一五六七年，他去世的时候，儿子只有九岁，这个小男孩发现自己承继了显赫的姓氏，但同时也是英格兰最贫穷的伯爵。故事还远不止于此。这种复杂的背景决定了这个小男孩的命运，而在他出生的时候这种背景所产生的影响就已经存在了：他的母亲是一位新贵族的代表，就如同他的父亲拥护旧贵族一般拥护新贵族。莱蒂斯·克诺里的奶奶跟安妮·博林是亲姐妹，因此伊丽莎白女王是埃塞克斯的表姑奶奶。但是，当第一代伯爵去世两年之后，莱蒂斯成了莱斯特伯爵——罗伯特·达德利的妻子，从此之后，他们之间形成了更为重要的关系。由此导致的女王陛下的愤怒以及背后的流言蜚语就如同过往云烟一般无足轻重。重要的是，埃塞克斯是莱斯特的继子，是女王的挚爱，那个从她就职的那刻起就统治着王国的女人的挚爱。所有的一切都已足够满足他的雄心壮志。万事都已俱备，显赫的出身，高贵的家族和稳固的宫廷影响力甚至加上贫穷，都足以助他成就一番大事业。

这位年轻的伯爵是在伯利勋爵的监护下长大的。十岁的时候，他被送往剑桥的三一学院学习。一五八一年，在他十四岁的时候，他在那里获得了文学硕士学位。他的青少年时代是在偏远的西部乡村中度过的——彭布鲁克郡①中的兰菲，或者更多的时候是待在斯塔福德郡的查理庄园，那里的房子很古老，横梁雕刻着纹饰，顶部设有雉堞②，窗户上装饰着德福鲁家族和费勒家族时期的徽章和纹章，所有的一切都伫立在宽广的猎场中，弥漫着浪漫气息。而猎场中的赤鹿、小鹿、獾和野猪则在尽情地漫游。这位少年喜欢打猎以及人类的其他各项运动。但是他也喜欢阅读。他

---

① 彭布鲁克郡：英国威尔士西南部的旧郡，今戴费德郡的一部分。
② 雉堞：古代城墙的内侧叫宇墙或是女墙，而外侧则叫垛墙或雉堞（zhì dié），是古代城墙的重要组成部分。

写得一手准确的拉丁文和漂亮的英文。如果不是一个生机勃勃的贵族，那么他也许会成为一名学者。随着年龄的增长，这种双重的性格似乎也在他身体状况中显现出来。他奔跑着，血液在血管中朝气蓬勃地流动着，人们都称他是最有活力的人。然而，好景不长，突然间健康慢慢离他远去，这个苍白的男孩得在他的卧室里躺上很久，手里捧着一本维吉尔①的诗歌集，神情之间一种难以言喻的悲伤席卷而来。

在他十八岁的时候，莱斯特派遣了一支军队去尼德兰②，并钦点他为骑兵将军。这个职位与其说责任重大，不如说只是为了装点门面。埃塞克斯完美地完成了任务。在战地后方，在欢庆的骑士比武大赛中，他备战时所表现出的高贵的勇气和力量让所有在后方的人员都对他寄予厚望，当真正的对决来临之时，这种期望愈加一览无遗。当聚特芬③遭受敌人的猛烈进攻时，他表现得最勇敢，之后便被莱斯特封为骑士。

比菲利普·西德尼更幸运，至少看起来是这样的，埃塞克斯毫发无损地回到了英格兰。紧接着便在王宫中开始了辛勤的工

---

① 维吉尔：(公元前70年—前19年) 古罗马伟大的史诗诗人。幼年受到良好教育，后因体弱多病，专心写作。田园抒情诗《牧歌》十首是他早期的重要作品；第二部重要作品是他在公元前29年发表的四卷《农事诗》；晚年著有史诗《埃涅阿斯纪》十二卷，语言严谨，画面动人，情节严肃、哀婉，富有戏剧性，为后世著作之楷模。

② 尼德兰：(The Netherlands，荷：Nederland) 指莱茵河、马斯河、斯海尔德河下游及北海沿岸一带地势低洼的地区，相当于今天的荷兰、比利时、卢森堡和法国东北部的一部分。中世纪初期，尼德兰是法兰克人王国的一部分，法兰克人王国分裂后，它分属于德意志皇帝和法兰西国王。

③ 聚特芬：荷兰东部格尔德兰省上的一座古老的小镇。

作。女王从小就认识他而且对他欣赏有加。他的继父年事已高。在这宫殿之中，一位白发苍苍，一位年富力强，这种局面对政局而言都各有不利。这位老练的朝臣有足够的理由相信，扶持这位年轻人不仅能够稳固自己的地位，同时还能够制衡影响力日益壮大的沃尔特·雷利①。但是即使是这样，心急吃不了热豆腐，他们并没有机会提拔埃塞克斯。大家都心知肚明——这个帅气迷人的年轻人，性格直率，却又带着些许男孩子气，不管是言辞还是外貌都惹人怜爱，身材修长，双手纤美，头发是漂亮的赤褐色，弯腰的时候姿势优雅，这一切都让伊丽莎白为之神魂颠倒。这颗迅速升起的新星，突然之间在苍穹之间独自闪耀。伊丽莎白女王和埃塞克斯伯爵之间你侬我侬，形影不离。那时，女王五十三岁，而他还不到二十岁，年龄上并不契合。然而，当时在一五八七年五月，一切都发展得很顺利。他们促膝长谈，拄杖远行，骑马穿过伦敦周围的公园和森林。尤其是夜晚的时候他们之间交谈甚欢，然后听着音乐，直到白厅②空无一人，他们还在继续玩牌。一夜又一夜，他们就这样彻夜地打牌玩游戏。以至于当时流言四

---

① 沃尔特·雷利：(Walter Raleigh, 约1552年—1618年10月29日) 英国文艺复兴时期一位多产的学者。他是政客、军人，同时是一位诗人、科学爱好者，还是一位探险家。他作为私掠船的船长度过了早期的职业生涯。在听到有关黄金国 (El Dorado) 的传说后，他便于1595年率领一支探险队前往新大陆寻找黄金，后来发现了今南美洲圭亚那地区。

② 白厅：(WhiteHall) 英国伦敦市内的一条街。它连接议会大厦和唐宁街。在这条街及其附近有国防部、外交部、内政部、海军部等一些英国政府机关。因此人们用白厅作为英国行政部门的代称。

起："女王夜不归宿，直到清晨鸟儿歌唱"。就这样他们度过了一五八七年的五月和六月。

多么希望时间能够静止，哪怕那么一小会儿也好，让那些美好幸福的日子在那个暧昧的夏天继续生长。那个男孩，激动满怀地踩着黎明的尾巴回到家，女王则在黑暗中面带微笑地凝视着他离去的身影……然而，凡人终究没有能力让时间凝固。人与人之间的关系要么发展要么终止。当两个人达到了一定的亲密程度之后，他们之间相互作用的推动力也会越来越强烈，继而不可避免地达到高潮。而高潮必将上升到最高点，只有在那个时候，乐章预定的舒缓部分才会彰显出来。

第二章

　　伊丽莎白的统治（1558年—1601年）归为两个阶段：打败西班牙无敌舰队的前三十年，以及打败之后的十三年。最早的时期处于准备阶段，而真正战绩累累的是接下来的十三年，准备阶段使得英格兰成为一个统一的民族，最终从欧洲大陆中独立出来，并且创造社会环境让这个国家的人才都能够找到用武之地。在那些漫长的岁月里，掌权者最重要的品质便是机巧和审慎。过去的时代如此艰难以至于任何其他的品格都显得格格不入。对于整代人来说，伯利勋爵的谨慎对英格兰的影响巨大。其他一些较为次要的人物也纷纷效仿，而正因为如此，在我们看来他们性格差异不大。沃尔辛厄姆①从事秘密间谍工作，而莱斯特虽然拥有华丽的外表，对于大家来说却并不出众，他是一个不靠谱的角色，容易

---

① 沃尔辛厄姆：（Walsingham，1532年？—1590年4月6日）英格兰政治家，受封为弗朗西斯爵士，1573年—1590年为伊丽莎白一世的首席国务大臣。长于外交，其语言知识和组织间谍活动的能力在推行伊丽莎白女王外交政策方面具有无可估量的作用。

向他人屈服。至于大法官哈顿，我们只知道他会跳舞。接着，突然之间万花筒发生变化。那些历史的旧俗和曾经的主角都随着西班牙舰队的消亡而被逐出历史的舞台。只有伯利勋爵还在位，成为历史的一座纪念碑。代替莱斯特和沃尔辛厄姆的是埃塞克斯和雷利，这两位杰出勇敢的年轻人在其生活的地方大展拳脚，各种公共活动上都活跃着他们的身影。在国家其他欣欣向荣的

弗朗西斯·沃尔辛厄姆的肖像，来自英国国家肖像馆

领域中也如此，暮冬的雪已经消融，伊丽莎白时期的文化迎来了其生机勃勃的春天。

这个时期出现了大量的杰出人物，诗人马洛和斯宾塞，早期的戏剧大师莎士比亚，以及《随笔》的作者培根，这些人物都无须多说，他们的文学影响力无人不知、无人不晓。他们的价值是无法用语言来形容的，但是更无法企及的是用现代人的思维去理解三百年前的这些大师的思想，触碰到他们的"中枢脉搏"，在他们的思维中轻松地遨游，走着他们走过的路，或者在梦中（而这样的梦便书写了历史）感受他们的足迹。但是这条道路看起来似乎闭塞不通。但是我们究竟要怎样开辟出一条道路，以深入到这些奇妙的灵魂，甚至了解那些更加难以捉摸的人物呢？我们想得越透彻，那么这个神奇的世界反而离我们越遥远。当然也有极少

数的例外，这个例外可能就是莎士比亚了，他的创作对于我们而言并不熟悉；它们都是超凡想象力下的产物，我们知道它们，但是并未真正了解过。

总而言之，时代矛盾使我们困惑不解，陷入谜团。毫无疑问，对于人类来说，没有矛盾也就不能称为人类了。但是伊丽莎白一世时代人物的矛盾超过了人类矛盾的底线。他们性格的成分彼此分散，差异巨大。我们紧紧抓住这些成分，拼命挣扎着使其统一成一个整体，结果曲颈瓶破碎了。怎么才能清晰明了地解释他们的敏锐和天真、谨慎和残忍以及虔诚和欲望？不管我们从哪个角度去思考，结果都是没结果。究竟是怎样神奇的力量造就了约翰·多恩①天才般的智慧和神学造诣？又有谁能够解释弗朗西斯·培根的一生？我们又怎么能想到清教徒竟然是剧作家的兄弟？要有怎样的思维架构才能够将16世纪伦敦的污秽和野蛮隐藏，将《帖木儿大帝》②的辉煌壮举激昂挥笔一气呵成，将《维纳斯和阿多尼斯③》设计得如此优美精湛？又有谁能够重塑这些铁石心肠的人物，他们先是在小酒馆听着一个男孩陶醉地弹着诗琴唱

---

① 约翰·多恩：(John Donne, 1572年—1631年) 英国诗人。1572年生于伦敦的一个富商之家，1631年3月31日卒于伦敦，信仰罗马天主教，是英国詹姆斯一世时期的玄学派诗人，他的作品包括十四行诗、爱情诗、宗教诗、拉丁译本、隽语、挽歌、歌词等。

② 帖木儿大帝：克里斯托夫·马洛（Christopher Marlowe）的剧作。《帖木儿大帝》讲述了14世纪一个普通牧民帖木儿，如何登上国王宝座，成为一个野心勃勃，残暴无情的鞑靼统治者的故事。

③ 阿多尼斯：希腊、罗马神话中爱与美的女神阿佛洛狄忒即维纳斯所恋的美少年，被野猪咬伤而死。

着牧歌，转而便兴致勃勃地去观赏被袭击的狗将熊撕成碎片？铁石心肠？也许吧。然而那些招摇过市的时髦男子，自己的紧身裤下面明明显示了其男子气概，可是他们那飘逸的长发，宝石般的眼睛难道不正是充满女子气吗？而这个充满好奇心的社会就喜欢这种幻想和纵欲，因此用残忍邪恶的手段任意地将一个受害者撕碎是多么轻而易举！按照间谍的话来说就是时运不济，别人的耳朵平平安安的，而你的双耳却可能被切割，全身被套上颈手枷示众，还要面对人群的嘲笑；抑或是如果由于权力、野心或者宗教之间更为黑暗的纷争，那么叛国贼很有可能在那些用华丽的英语辞藻堆砌出来的、只适合用在育人所和临终忏悔仪式上的陈词滥调中，遭到极为恐怖的肉体残害，以不同的方式结束性命。

这就是巴洛克的时代，而且也许正是这种结构和装饰的不协调恰如其分地揭开了伊丽莎白一世时期的神秘面纱。从他们丰富华丽的服饰上，很难看出其内在微妙而隐秘的框架。当然，在这个涉及高层人物的例子中的确如此，很显然，没有其他比这个代表伊丽莎白时代的显赫人物更具有巴洛克式风格的人踏入过这片土地——即伊丽莎白本身。从其外表到其内心深处，她身体的每一个部分都弥漫着不和谐的因素，与事实和常识相悖，让人迷惑不解。她的服饰有着密集而复杂的装饰——巨大的裙箍、拘谨的飞边①、浮夸的袖子、珍珠粉饰、张开的镀金薄纱，这样一来女性的特征就不复存在了。相反呈现出了一个宏高且自命不凡的男性

---

① 飞边：16世纪—17世纪流行的一种轮状皱领。

形象,她自己创造出了一个王权之主的形象,而这一形象还真的奇迹般地存在。子孙后代同样被这一视觉形象所欺骗。在人们的想象中,伟大的女王是勇猛的巾帼英雄,她挫伤了西班牙的锐气和傲慢,采取敏锐果断的行动镇压了罗马的专制暴政。然而这并非代表着真正的女王,那只是伪装之下的女王,而非那个最本真的女王。但是,子孙后代毕竟是享有有利条件的。让我们走近一点看吧。如果我们看看王袍之下的女王,就不应该对女王陛下产生错误的评述。

毫无疑问,勇敢的心、杰出的行动力,这些英雄品质确实存在于她身上,而且每个人也都看见了。但是这些品质对她真正性格的影响是模糊而复杂的。那些眼神犀利而又充满敌意的西班牙大使们却看出了一些不同的东西。在他们看来,伊丽莎白性格中最出众的是她的优柔寡断。虽然他们的看法有失偏颇,但是他们却比那些无所事事的旁观者看得更透彻。他们已经开始感受到女王智慧的强大力量,恰巧这对于他们来说是致命的,同时,这种智慧也为她带来了最后巨大的胜利。这种胜利并非是英雄主义的产物。事实上正好相反:支配伊丽莎白一生的大政策便是大家所能想到的最典型的非英雄主义。此外,在真实的历史上,她戏剧般的治国才能一直是其他政治人物的榜样。事实上,她的成功正是由于她具备那些英雄本应该没有的品质,包括虚伪、软弱、优柔寡断、拖延、吝啬。几乎可以这么说,她的英雄品质主要表现在她以无可比拟的耐心听凭这些特性支持着她前进。用十二年的时间去说服整个世界:她与法国王子安茹公爵彼此相爱,对打败西班牙无敌舰队的英国士兵限制军饷，这都着实需要狮子般勇敢的心。在这种行为方面，她确实无所不能。在这个充满着暴力和疯子的世界，对于那些进行超强度军备竞赛的国家——譬如说民族独立主义竞争对手法国与西班牙以及宗教竞争对手罗马教与加尔文教，她仍然保持着理智。多年以来，她本应该被他们其中的任何一个击垮，但是她却存活了下来，因为她能够最大程度上运用自己的狡猾和推诿来应付那些激进分子。恰巧，她的敏锐与她生活的复杂环境相适应。法国与西班牙之间力量的均衡，法国与苏格兰党派之间的平衡以及荷兰摇曳的命运为英国曲折的外交留有余地，直至今日其曲折的内容还未完全被揭露。伯利勋爵是她选定的助手，前者是一位细心的管家，对她言听计从。伯利勋爵不止一次想要解开他的女主人行动之谜，但每次都以失败告终。事实上，造就她的不仅仅是她的智慧，还有她的性情。同样，她身上所混合的男性的刚强与女性的柔弱，生命力与曲折性，固执与踌躇也正是她所需要的。一种本能使得她几乎不可能在任何一项事情上做出一个决定。或者说，如果她这么做的话，那么她的决定就会立刻与极端的暴力相矛盾，而且，矛盾还将持续加剧。这就是她的本性——风平浪静之时，漂浮在犹豫不决的海面；风浪来临时，在飘摇中迅速地调整航向。若非如此，倘若具有受大众认可的像男人一样强大的执行力和制定政策并坚持执行的能力，那么她可能早就输了。她可能被周围的势力围攻而身陷其中，几乎可以说必然会被迅速地消灭。她的女性气质和性格拯救了她。只有一个女人才能如此不顾脸面地推诿，只有一个女人才能够为了逃避现实地做决定而如此肆无忌惮地完全抛弃最后一点始终如一的品质、尊严、荣誉和普通礼仪。然而，如果她要避开来自各方的压力，那么一个女人的推诿是不够的，同样还需要男人般的勇气和精力。虽然她拥有所有这些品质，但是这些品质的价值对于她来说仅仅是让她变得足够坚强，以一种不屈不挠的毅力去拒绝各方力量，坚决避免强力手段，同时这也是她女王生涯最终的悖论。

当时，有宗教信仰的人因为她的行为而痛苦，而帝国主义历史学家觉得她很悲哀。她为什么不能够压抑自己的犹豫和狡猾而试着采取高尚的冒险行动呢？为什么她没有以欧洲的新教徒领袖的身份，大胆而坦率地大步向前，接受荷兰的君权，为了信仰和原则而斗争，从而摧毁天主教并且将西班牙帝国转移到英格兰的统治之下？事实上，她对这些事情毫不在乎。她比那些批评家更加了解自己真正的本性和使命。她仅仅是由于偶然的出身而成为新教的领袖。事实上，她是一个非常世俗的人。同时，她的宿命便是成为一个战士，不止是宗教改革的战士，而是成为比改革还重大的革命——文艺复兴的战士。当她完成了奇怪的行动，英格兰便有了文明发展。事实上很简单，她行动的秘密在于她在争取时间。而对于她想要达到的目的来说，时间就是一切。每个决定都意味着战争，而战争恰恰是她最不想要的结果。在历史上没有哪一个政治家像她一样，不仅在性情上，在实践中也如此地爱好和平。这并非由于她深受战争的折磨，也不是由于她多愁善感，她讨厌战争，最重要的理由是——战争损耗太大。她的节俭不仅仅体现在物质方面,同时也体现在精神方面,而她收获的便是一个伟大的伊丽莎白时代,虽然这个伟大时代的荣耀是在她继承者的统治下实现的。但是人们用她的名字来称呼一个时代可谓恰如其分。因为,如果没有她,一些特定领域的成就便无法成功实现,它们可能被一大群挣扎的民族主义者与神学家践踏。事实上,她确实借助长时间不断的耻辱的失败和前所未闻的含糊其辞保持了三十年的和平,对于伊丽莎白来说这就足够了。

延长做决定的时间,无限期地延长、延长,似乎成了她唯一的目标,而她的生命也在狂热的延期中逝去。但是表面现象也是会骗人的,她的对手们也因此付出了代价。最终,当事态已经来回摇摆了很长时间之后,延期不再奏效,期待淹没在失望中,接着可怕的事情发生了。在狡猾的梅特兰·莱辛顿[①]眼里,他的祖先所信奉的上帝只是"保育院里吓唬娃娃的东西",他不屑一顾地说:"英格兰女王感情易变,优柔寡断,胆小怯懦。"在这场权力游戏开始前,他要让女王像一只惠比特猎犬一样夹着尾巴哀嚎。多年以后,在伊丽莎白的旨意之下,坚如磐石的爱丁堡城堡突然之间如砂砾一样崩塌。而梅特兰作为一个天主教徒,以死亡的形式躲过了难以忍受的毁灭。玛丽·斯图亚特用一句刻薄的法语鄙视她的对手对她恶毒的蔑视。十八年以后,在福泽林盖城堡,她

---

① 梅特兰·莱辛顿:(William Maitland of Lethington,1525 年—1573 年 6 月 9 日)苏格兰政治家和改革家。

发现自己错了。同样，国王菲利普①花了三十年的时间才学会这个教训。在很长一段岁月里，他都对他的小姨子很宽容，当他的西班牙无敌舰队驶进英吉利海峡的时候，他还在嘲笑地看着这个愚蠢的女人仍然在为世界的和平进行谈判。

毫无疑问，她有那么一丝邪恶。有人从她不同寻常的修长双手的举动中看出了这一点。但是，也只有那么一丝邪恶，仅此而已，但这也足够提醒人们在她的血液里流淌着意大利人的血液，有着维斯康蒂家族骨子里的那种狡猾和残忍。但是总体上来说，她还是一个英国人，她虽然极其地狡猾，但是她并不残忍。几乎可以说在她那个年代，她已经算是很人性化了。她偶然爆发出的残忍则是因为害怕和怒火。尽管表面上她和她最危险的敌人——正在埃斯库里亚尔宫织网围剿她的"蜘蛛"很像，但是事实上她与他截然不同。他们两者都是虚伪中的佼佼者，同时都喜欢拖拉。但是国王菲利普的行动迟缓是因为其身体不济，行将就木。然而，伊丽莎白一世之所以拖延时间则另有原因——因为她有精力等得起。这只凶猛的老母鸡还在静静地坐着，孵化着整个英吉利民族。在她的带领和庇护下，英吉利民族正在迅速地走向成熟和统一。她静静地坐着，但是每根羽毛都竖立着，生机勃勃。她那抖擞的精神一度让人惊慌又兴奋。当西班牙大使宣称她身上附着一万个魔鬼的时候，普通的英国老百姓却看到了亨利国王充满

---

① 国王菲利普：西班牙的国王，他曾是伊丽莎白的异母姐姐玛丽的丈夫，也是伊丽莎白一世的第一位求婚者，但是遭到拒绝。

活力的女儿，一个合乎他们心愿的女王。当她生气的时候，她咒骂，争吵，紧握拳头。当她被逗笑的时候，也放声大笑。当然，她经常被逗笑。周围散发出的幽默氛围缓和了她残酷的人生，为她残酷的人生增添了色彩，同时让她获得了在这条可怕而崎岖的道路上行走的勇气。她对于每一个刺激所做出的反应都是及时且丰富多彩的，包括处理那些愚蠢尴尬的瞬间，大型活动中的冲突和可怕的事情。她的灵魂带着一种活跃的精神，她活力四射，懂得放弃，同时对当时的事态了如指掌，这使得她一直是一道令人着迷的风景。她能够与生活共戏，就像以平等的态度与一位对手格斗，从中获得乐趣，尊重生活，看尽世间百态，暗自品味着陌生的环境、财富突然的离奇变化以及那些源源不断的意想不到的事情。"大自然的美源于变化"——这是她最喜欢的格言。

诚然，她本身行为变化之丰富不亚于自然。这位有点居高临下的贵妇喜欢恶作剧，对户外礼仪和打猎热情高涨，但能够突然间就成为一名疾言厉色的商人，私下与大臣闭门长时间密谈，朗读和口述急件，同时对账目的细枝末节进行精确核查。然后，和平常一样，这位在文艺复兴期间很有教养的贵妇大放光彩。伊丽莎白的成就多如繁星且璀璨夺目。除了她的本国语言，她还掌握了六门外语，她在学习希腊语，同时还是一位杰出的书法家和优秀的音乐家。她是一位绘画和诗歌的鉴赏家。她跳着佛罗伦萨风格的舞蹈，她那宏大而华丽的表演技惊四座。她的话语不仅仅充满了幽默，还充满了优雅与智慧，显示出她精准的社会意识和敏锐的洞察力。正是这种在精神层面的多才多艺使得她成为历史上卓越的外交能手之一。她变化多端的思想表现在她能用极快的速度变幻出每一种能想到的伪装，迷惑最精明的对手，欺骗最谨慎的人。她至高无上的精湛技艺是她对于语言高超的把握。如果她想做，她可以用连珠炮似的语言最大限度地灌输她的思想，而且在阐释精心策划的模棱两可的说辞方面从来没有人能够超越她。她的信件都是以她女王独有的庄严风格书写，里面包含大量的箴言和影射。在她的一些私人对话中，她能够以一种直接坦率的方式说服对方，使他人心服口服。但是她最重大的时刻是在公众面前让大家了解她对这个世界的愿望、看法以及思考的时候。接着她便金句频出，口若悬河，用一种极具吸引力的方式展示她非凡的才智之下令人好奇的工作方式。然而，通过大声地表达自己坚决不妥协的立场，以及恰到好处地拿捏演讲的节奏，这个女人内心的激情如魔法般涌动着。

以上所提及的这些复杂的反差，不仅表现在她的思维中，而且还支配着她的身体。她高大而瘦削的身躯罹患各种奇怪的疾病。风湿病折磨着她，难以忍受的头痛使她在床上辗转反侧，可怕的胃溃疡毒害她多年。虽然说她没有什么大病，但是一连串的小病以及一系列的症状使得她那个时代的人焦虑不安，也使得一些现代的研究学者怀疑她遗传了她父亲的疾病。就我们所了解到的用药规律以及关于她身体机能紊乱的真实详情，还远远不能够得出一个确切的结论。但是至少看起来可以确定的是，尽管伊丽莎白长期遭受着各种疾病的折磨，她还是很坚强的。她活到了七十岁，在那个时代这已经算是高龄了，她坚持履行政府艰巨的职责。在她的一生当中，她能够承受超常的劳累。她不知疲倦地狩猎、跳舞；另外一个很重要的事实是她偏爱站立，这一点几乎和她明显虚弱的身体的任何一点都不相容，因此不止一个不幸的大使在跟她会见几小时之后，在她面前蹒跚而行，苦苦抱怨着自己已经精疲力尽。在那个时代，由不同的旁观者所提出而经过博学的权威专家同意的，可能解决这个谜题的答案在于，她大部分的疾病是由她的歇斯底里症所引起的。她坚强的性格构造对她的神经就是一种折磨。她生命中经历的危险和焦虑就已经足够摧垮她的身体，哪怕是最有活力的人。但是事实是这样的，在伊丽莎白的案例中，造成她神经过敏是有特殊原因的：她在性生理上有严重的变态。

从一开始她的感情生活就遭受到了沉重的压力。在她孩提时代，早期的那些特别敏感的岁月对她来说就是一段兴奋、恐惧和悲剧相互交织的时光。她可能还记得庆祝阿拉贡的凯瑟琳①死亡的那一天，那天，她的父亲，从头到脚穿着一身黄色，除了在他的帽子上有一处白色的羽毛装饰，领着她走进吹着喇叭庆祝胜利的人群，做了弥撒，然后，用双臂将她抱起来，兴高采烈地展示给一个又一个的朝臣看。但是也有可能她早期的记忆完全是另一种情况：当她两岁零八个月大的时候，她的父亲把她的母亲送上断头台。不管她记不记得，这种事情对她幼小心灵的影响一定是深

---

① （阿拉贡的）凯瑟琳：（Catherine of Aragon, 1485年—1536年）英国国王亨利八世的第一个王后。

刻的。接下来的日子就充满了坎坷和未知。她的命运随着她父亲的政治和婚姻的复杂变化而不断发生改变。她一会儿被宠爱，成为英格兰女王的继承人；过一会儿又被冷落，成为被抛弃的私生女。接着，当老国王去世的时候，一种新的危险骚扰导致的焦虑不安几乎将她击垮了。那时，她还不到十五岁，住在她继母凯瑟琳·帕尔①的房子里。她的继母嫁给了英格兰海军大臣西摩男爵，即摄政者萨默塞特的兄弟。这位海军大臣帅气、迷人、鲁莽，以调戏公主为乐。当伊丽莎白还在床上或者刚刚起床时，他会在清晨突然闯进她的房间，扑到她身上，发出阵阵响亮的笑声，用他的手臂抓住她，挠着她发痒，拍打着她的臀部，然后给她讲荤段子。这样的情况持续了好几周，当这件事传到了凯瑟琳·帕尔的耳朵里，她就把伊丽莎白送到别的地方住了。几个月之后，凯瑟琳去世了，这位海军大臣试图与伊丽莎白结婚。这位野心勃勃的迷人的男人瞄准了至高无上的权力，他希望通过与皇室血脉结合，从而增强自己的实力与自己的

伊丽莎白一世的少女时期，1546 年

---

① 凯瑟琳·帕尔：（Catherine Parr，1512 年—1548 年）英格兰国王亨利八世六个妻子中的最后一位。她于 1543 年—1547 年为英格兰王后，之后为英格兰太后。

兄弟对抗。但他的诡计被发现了，他便被关进了伦敦塔之内。之后他的摄政者兄弟试图将整个阴谋归罪于伊丽莎白。这个痛苦的女孩就是不低头。托马斯·西摩的外表和行事风格曾收获了她的欢心，但是她坚决否认她曾经想过在没有获得摄政者同意的情况下和西摩结婚。在一封书写精美的信件中，她驳回了萨默塞特的指控。她告诉他，其实"我已经怀有海军大臣的孩子"只是个谣言，这是个"无耻的诽谤"。她祈求让她去宫廷，让大家看到真相。摄政者发现他对这位只有十五岁的敌手无能为力，但是他却下令将这位海军大臣斩首。

情况就是这样，既恐怖又奇怪，她的童年和青春期就这样度过了。如果她的成年时期发生神经衰弱的现象，又有谁会觉得奇怪呢？她一登上王位，她那喜怒无常的性格便暴露出来。因为天主教徒玛丽·斯图亚特是下一任继承者，因此，只要伊丽莎白保持未婚，那么英格兰新教事业就悬在她这根脆弱的生命线上。最明显、最自然而然得到的不可避免的结论就是女王必须马上结婚。但是女王有着另外的打算。婚姻对于她来说并不是一件快乐的事，而且她不想结婚。二十多年来，通过一系列难以置信的拖延、含糊其辞、背信弃义、搪塞以承受来自大臣、议会和人民不间断的压力，她一直在反抗，一直到老年的时候才从争议中解放出来。她并没有筹码为自身的安全考虑。她没有子嗣，这一点使得她可能被谋杀，她明白其中的缘由，但也只是一笑置之。世人对这种空前的行为感到困惑不解。这并不是说好像伊丽莎白的内心向往冰清玉洁的贞操。事实远非如此，看起来正是她的性欲占据了她的内心。大自然在她的内心灌输了一种抑制不住的性欲，有时甚至酿成丑闻。她对于那些英雄人物充满了甜蜜的激情。她姐姐的暴政使得他们在伦敦塔中相遇、相知，直到她生命的最后一刻，她对莱斯特的爱恋一直影响着她。莱斯特有着男子气概，也正是他的男子气概使得他受到青睐。在她的天空里也并非只有莱斯特一个人，还有其他的星星，有时候甚至比他还要耀眼。包括高贵的哈顿，在跳双人舞的时候如此地好看；还有英俊的赫尼奇、德韦尔、骑士比武场上雄赳赳的王者和年轻的勃罗特。勃罗特有着棕色的头发、俊俏的外表、沉着冷静、身材高大，当女王陛下的双眼凝视着他的时候，他脸颊上的两抹红晕是如此美丽。

她爱他们所有的人，因此她的朋友和敌人可能对此议论纷纷，因为"爱"原本就是一个含意模糊的字眼，而就伊丽莎白的所作所为来看，确实存在巨大的疑问。她信仰天主教的敌手直言她为莱斯特的情妇，而且已经怀有他的孩子，只不过是被偷偷带走藏起来了，这显然是不真实的。但是也有完全相反的谣言在传播。更重要、更值得关注的是西班牙大使费里亚的看法，因为他有好方法来发现真相。经过仔细调查，费里亚得出了结论，他告诉国王菲利普，伊丽莎白无法生育。"据我所知，她不曾有过孩子"——这是他的原话。如果事情真的是这样，或者说伊丽莎白相信事情就是这样的，那么她拒绝结婚就立马能够理解了。拥有一个丈夫却没有孩子不仅仅会失去她个人的优势主导权，同时也无法获得任何抵消损失的优势。新教徒的继位并不会让她更安全，而她自己本身也将永远活在她丈夫的掌控之中。关于她身体这一缺陷的故事原型很有可能来源于一个很微妙但是却很重要的事实。在这样的事情之中，思维与身体一样力量无穷。一旦有可能发生性行为，对重要的性交行为根深蒂固的厌恶可能会产生歇斯底里的抽搐，同时在某些情况下伴有剧烈的疼痛。每件事情都指向一个结论，她童年时期严重的心理障碍造成了伊丽莎白现在的状态。"我讨厌婚姻，"她对苏塞克斯勋爵说道，"至于我为什么讨厌，即使是对我的孪生姐妹我也不会泄露。"是的，她讨厌婚姻，但是她又尽量把婚姻当成一场游戏来耍弄。她超然的智慧和对政治诡计卓越的直觉，使得她在这个贪婪的世界面前一直将婚姻悬而不决。西班牙、法国，以及她统领多年的英国都铎王朝，都被这不可能的诱饵所吸引，掉入她的外交陷阱中。多年以来，她神秘的组织成为欧洲命运发生转变的关键点。而恰好有利的情形使得她在她的这场政治游戏中表演得十分逼真。虽然在她的内心中，渴望变成了排斥，但是渴望并没有完全消失。相反，自然的力量从其他地方补偿她的精力，使她愈加精神。虽然说这座珍贵的城堡本身从未被侵犯过，但是它周边还有领土，军事外垒和防御工事，这些都可能遭到当下战争的攻击，甚至在某些情况下会落入敌人之手。不可避免地，流言开始流传。高贵的追求者变得愈加殷勤，而这位童贞女王在她的秘密之下，时而皱眉时而微笑。

　　那些模棱两可的岁月过去了，而那一刻也终于来临，婚姻中再也没有目的性了。但是女王好奇的性格保留了下来。随着年龄的增长，她的热情并没有减退，事实上反而可能在增加。而这也成了一个谜。伊丽莎白曾经是一个很有魅力的女孩,多年以来她一直保持着她美丽的容颜,但是最后她的倾世容颜慢慢消失,取而代之的是苍老的皱纹、靠化妆维持的面容和某种奇异的热情。然而,随着她的魅力日益消退,她却越来越坚定地相信她的魅力依然存在。原来,与她同时代的人只要对她忠诚、尊敬,她就非常满意。但是在她年老的时候,对于围在她身边的那些年轻人,她却要求他们表达浪漫的激情,他们也的确这么做了。国家大事处于一种混乱当中,有叹息,有狂喜,还有抗议。她的政治上的胜利为她赢得了巨大的威望,而且她的威望还在这种个人崇拜的超自然气氛下被持续放大。人们觉得,当他们靠近她的时候,就像是站在了一位女神身边。她的神圣值得任何崇高的尊敬。传说一位杰出的年轻贵族在她面前弯腰深鞠躬的时候,很不幸地放了个屁,这使得他非常惊恐和尴尬。于是他跑到国外游玩了七年,之后才回到伊丽莎白身边。这种政治体系是显而易见的,然而并非所有的政策都是这样的。在处理对外事务的时候,她看得非常透彻,但是在转而处理内部事务时,这种清晰的判断能力却突然丧失了。她的眼界变得很狭隘和混乱。她看起来就像是在遵从一种微妙的本能,通过把她本性中的所有浪漫集中在她自己身上,她已经成功地变成了俗世间最伟大的现实主义者之一。结果自然与众不同。为荒谬的虚荣心着迷的最高明的统治者要么存在于一个完全由荒唐的、充满希望的幻想组成的世界中,要么就存在于一个完全由冷冰冰、硬邦邦的事实组成的世界中。中间没有过渡,只有对立,这两种世界是并列的。这种卓越的气魄在一瞬间便如钢铁般冰冷，而接下来的便是各种心烦意乱。她的美再一次征服了其他人，她的魅力再一次引起了和以前一样的响应。她急不可耐地吸收着她的情人对她煞费苦心的爱慕。与此同时，凭借着最后的好运和心机，她把他们——就像她对待和她有关的其他任何事情一样——变成了一种有利的事业。

这奇怪的宫廷就是一处充满悖论和不确定性的住所。住在其中的令人敬慕、连走路都带着金色荣耀光环的女神已经是一把老骨头了。她穿着极好，虽然有点驼背了，但仍然高挑。在她苍白的面容之上染着红色的头发，长长的发黑的牙齿，高挺跋扈的鼻子，还有那曾经深邃，如今变得凶猛而令人恐惧的眼眸，她那双深蓝色的眼睛诱发了一些狂乱甚至是几近疯狂的事。她依然是一个独特的拥有超强能量的女人，而且命运与际遇也与她随行。宫中的臣仆知道，当心门关闭的时候，眼睛背后的头脑仍在运转，她凭借着打拼多年的才能所练就的炉火纯青的机敏，思考着无限复杂的欧洲的治国方略以及艰难运行的民族政府结构。时不时地会听到一个刺耳的声音，一句高声呵斥；也许是大使被警告了；或许是去印度的远征军被禁止前往；抑或是关于英国国教体制的一些问题已经做了决定。最后，一个不知疲倦的身影出现了，纵身一跃跳上马背，这位童贞女王在林间空地上飞驰，一个小时之后心满意足地回来了，再玩一小时小键琴。简单地吃了点家禽翅膀，再喝了点葡萄酒和水，把食物咽下之后，这位荣光女王开始跳起舞来。当六弦提琴奏起，这些年轻人围在她的周围，等待着命运给他们带来的可能性。有时候伯爵不在，那么由于她易动感情和飞扬跋扈、任性妄为的性格，有什么是不可能发生的呢？这位激动的女神会用粗话和其他人开开玩笑，然后召唤一些肢体强健的年轻人在炮眼处和她一起聊天。她的心被他们的这些恭维话甜化了，当她用她那修长的手指轻轻地拍打着他们的脖子，她整个人都弥漫着一种无法言状的欲望。对啊，她是个女人啊！一个迷人的女人！但是话说回来，她不也是一个老处女吗？但是，另外一波情感立刻又涌上心头，使她深陷其中。她比他们高出许多，她知道她不仅仅是一个女人，那她又是什么呢？她是个男人吗？她凝视着周围的小人物，微笑着，思考着，她可能在某种意义上是他们的情人，但是从另外一种意义上来说，她永远不可能是，在这种情况之下几乎可以说他们才是她的情人。她读过赫拉克勒斯①和希拉斯②的故事，而且她可能在某种半清醒的状态下做着白日梦，幻想着自己拥有那种异教徒的男子气概。希拉斯是她的男侍者，现在他就在她的前面……

但是她的美梦被突如其来的寂静给打破了。环顾四周，她看到埃塞克斯进来了。他健步如飞地奔向她，跪在她面前的时候，女王也忘记了刚刚的一切。

---

① 赫拉克勒斯：（Hercules）希腊神话中最伟大的英雄。主神宙斯与阿尔克墨涅之子，因其出身而受到宙斯的妻子赫拉的憎恶。他神勇无比、力大无穷，后来他完成了12项被誉为"不可能完成"的任务，除此之外他还解救了被缚的普罗米修斯，隐藏身份参加了伊阿宋的英雄冒险队并协助他取得金羊毛。

② 希拉斯：（Hylas）希腊神话中的美少年，金羊毛故事里的少年英雄，他在中途被泉水的神女带进了沼泽。

第三章

　　田园诗般的夏天平静地流逝着,直到在一个七月的三伏天,下了一场雷暴雨。当伯爵与女王在她的会议厅交谈的时候,护卫长正站在门外值班。这位护卫长名叫沃尔特·雷利,是一位绅士,长着一张大无畏的面孔。他是英国西南部某个郡一个乡绅的小儿子。凭借着贵族的喜爱,他在短短几年之内便拥有了财富和权力;特权和垄断权都掌握在他的手中。他成了英格兰和爱尔兰好几处大地产的掌控人。他三十五岁,是一个危险而又了不起的男人,他是英国德文郡和康沃尔郡锡矿区的区长,康沃尔郡的首席治安长官,同时还是骑士和海军中将。他良好的举止风度以及进取精神成就了他今天意想不到的显赫地位。最终它们又会将他领向何方呢?命运已经给他编织好了交织着光明与黑暗的主线。他有好运也有厄运,但是有多幸运,又有多不幸却很难说清,而这些他必须照单全收。

　　萦绕在他生命里的第一个突如其来的厄运就是这位年轻的埃塞克斯在王宫的出现。正如雷利所想的那样,女王变得越来越喜欢埃塞克斯。当莱斯特的衰老看起来在为他开启一条通向胜利的未来道路时,这个老男人最喜欢的继子却登场了,他那男孩子气的魅力让伊丽莎白也拜倒在其脚下。雷利突然发现虽然曾经自己拥有所向无敌的倾世容颜,但现在自己的魅力却正在衰退。女王可能会随便给他三到四座已经被斩首的反叛者的庄园,也有可能让他去美洲建立一个殖民地,甚至还有可能闻一闻他的香烟,用一种啼笑皆非的表情咬一口土豆,所有的这一切都没有意义。而在另一方面,她的心,她的人都属于埃塞克斯,就在这扇门的那一边。他皱了皱眉头,决定不再挣扎,不再沉沦。有一次去乡村拜访沃里克勋爵公馆的时候,他成功地激怒了伊丽莎白。沃里克太太是埃塞克斯的姐姐多萝西·佩罗特太太的一位朋友。由于多萝西太太秘密的婚姻,沃里克太太被禁止出现在王宫。这位轻率的女主人相信女王的怒气已经消减了,于是她邀请了多萝西太太及其弟弟到家中做客。雷利告诉伊丽莎白,多萝西太太的出现就代表着埃塞克斯故意对她表示不尊重。于是,伊丽莎白命令多萝西太太待在她自己的房间里不要出来。埃塞克斯明白发生了什么,于是他没有犹豫。晚饭过后,当他和女王以及沃里克太太单独在一起时,他为他的姐姐进

1588年的沃尔特·雷利爵士

行了激烈的辩解,而且宣称(之后他在一封书信中立马告诉了一位朋友)伊丽莎白这么做"只是为了取悦那个狡诈的雷利,我知道因为他的缘故,伊丽莎白不惜让我和我爱的人悲伤,而且让我承受世人的侮辱。"伊丽莎白言辞更为激烈地做出了回应。"看起来她似乎受不了别人对雷利的言论攻击,而且字里行间抓住'鄙视'一词,她说她根本就没有理由鄙视雷利。"这个言论"着实非常困扰我,所以我尽可能详细地向她描述雷利过去做了什么,过去是什么身份。"这个大胆的年轻人越来越放肆。"我又能得到什么安慰呢?"他大声说道,"我全心全意效忠于自己的女主人,而这位女主人却对这个男人望而生畏?"他说了很多愤怒的话,尽全力攻击雷利,当时他觉得雷利就站在门口,极有可能听到了他说出的这些难听的话。但是他愤怒之下说出的这些话并没有什么作用,争执变得越来越尖锐,而当伊丽莎白从为雷利辩护转而攻击埃塞克斯的母亲莱斯特太太——这位她尤其讨厌的人的时候,这个年轻人再也听不下去了。他说,虽然现在都快要到午夜了,但是可以先把自己的姐姐送回去。"至于我自己,"他对焦虑不安的伊丽莎白说道,"我在任何地方都不觉得快乐,当我知道我大部分的感情都被践踏,而像雷利这样一个卑鄙的人却受到您如此高度的尊重时,我真的不想再靠近您了。"对此,女王无话可说,只是转身走向沃里克太太,而埃塞克斯急忙冲出了房子,先让一队武装护卫护送他姐姐回家,然后他自己驾马去了马尔盖特,非常坚定地要穿过海峡,参与到对荷兰的战争之中。他写道:"如果我能活着回来,人们将欢迎我回家;如果不能,那么悲壮的死也好过平庸的生。"但是女王很快就知道了。她派罗伯特·凯里快马加鞭地追埃塞克斯,在他登上船之前找到了他并且将他带回到了女王陛下身边。他们之间达成了和解。女王的恩泽再一次散发光芒。在一两个月之间,埃塞克斯便成了英国皇室的御马官,被封为嘉德①骑士。

然而,虽然乌云已经散去,天空却已经发生了微妙的变化。第一次吵架总是一件不吉利的事。当天发生在沃里克勋爵公馆的场景令人好奇,在嫉妒和受伤的感情之下,被压抑的不信任,甚至可以说是一种潜藏的敌意,在顷刻间浮出水面。而且事情远远不止这些,埃塞克斯发现,尽管他还年轻,但是他在责骂女王之后却可以不受到惩罚。伊丽莎白坚定地为雷利辩护,而且为此很生气,还发了脾气,但是她并没有命令停止这些胆大妄为的抗议,她看起来甚至还听得饶有兴致。

---

① 嘉德勋章:是授予英国骑士的一种勋章,它起源于中世纪,是今天世界上历史最悠久的骑士勋章和英国荣誉制度最高的一级。

第四章

西班牙无敌舰队被打败了,莱斯特伯爵也死了。这为年轻人和冒险家打开了一个新世界。计划早已定好,在德雷克的率领之下,给西班牙一个反击,武装部队已经准备好进攻科伦纳,占领里斯本,使葡萄牙脱离菲利普的统治,转而扶持声称自己是葡萄牙王国之主的唐·安东尼奥登上王位。每个士兵都兴奋不已,脑海里都想着战利品和荣耀,其中也包括埃塞克斯,但是女王不让他去。他十分大胆地对她的命令置之不理,然后在一个星期四的夜晚骑马离开伦敦,走了两百二十英里之后,在星期六的早上到达了普利茅斯。这一次,他的速度之快让伊丽莎白措手不及。他立马就登上了船,跟随罗杰·威廉姆斯带领的一支特遣舰队驶向西班牙海岸。伊丽莎白大怒,她派遣了一个个信使将搜查各个海峡通道的命令传达到普利茅斯,同时还给德雷克写了一封震怒的信件,严词谴责倒霉的罗杰爵士。她在信中写道:"此人的冒犯行为已经达到了不可饶恕的程度,足以处以死刑,倘若你还未处置,那么朝廷今即做决定,命你免去他所有的职务,严加监管,严正待命,如果你胆敢违背我的命令,小心你的脑袋。朝廷有权力处理此事,望遵从照办。"她继续写道:"如果埃塞克斯现在在你的舰队上,我命令你即刻把他安全地送回。若有违抗,你将会为你的小聪明付出代价,这些都不是儿戏,因此好好想想这件事你应该怎么做。"但是她的威胁和命令同样不起作用。埃塞克斯顺利地加入了远征军的骨干队伍,而且在一次小规模的战争中表现得很勇敢,但是这次远征却不光彩地结束了。结果证明,侵略他人比抵御他人侵略更难。有些西班牙的船只被烧毁了,但是葡萄牙没有发起进攻,里斯本闭关锁国,以此抵御唐·安东尼奥以及那些英格兰人。在离开里斯本进入城镇之前,埃塞克斯做了个手势,猛刺他的长矛,大声叫嚷道:"还有没有躲在那里当缩头乌龟的西班牙人敢出来为其国王迎战的,与我一决高下。"没有人回应,于是远征军回到了英格兰。

伊丽莎白一世为庆祝打败西班牙无敌舰队(1588 年)所绘画像

这个年轻人不久之后便与女王和平相处。甚至连罗杰·威廉姆斯爵士也得到了原谅。他很快便回归到了快乐的宫廷生活：打猎、宴请、竞技。雷利也只好耸耸肩，去了爱尔兰照顾他那一万英亩的地，因此，埃塞克斯便没有敌手了。那么，查尔斯·伯朗特是一个竞争对手吗？这个帅气的男孩在骑士比武场已经展示了他的能力，为此，伊丽莎白还从她那套国际象棋的棋子中奖励了他一个真金做的皇后棋子。而他将这个奖品用深红色的丝带绑在了自己的胳膊上。当埃塞克斯看到的时候，询问这是什么，被告知原委之后，他便大声叫道："现在我明白了，每一个傻子必定有一件恩物。"接下来在马里波恩战场上发生了双人对决，埃塞克斯受伤了。"上帝啊！"伊丽莎白听说了这件事情之后说道，"正好让别人好好教训教训他，教他点规矩。"她很开心两个男人为了她的美貌而流血打斗，但是之后她坚持让这两个男人解决他们之间的争吵。他们服从了她的命令，而伯朗特还因此成了埃塞克斯伯爵最忠诚的追随者。

皇室的恩赐如潮水般接踵而至，虽然有时候也会碰上莫名其妙的浅滩。埃塞克斯的生活非常奢侈，他背负着两万多英镑的债务。女王十分慷慨地提前预付了他三千英镑来缓解燃眉之急。然后，突然之间她要求他立即偿还。埃塞克斯请求女王宽限几日，但是女王的态度十分强硬，言辞锐利。这些钱，或者是相等价值的土地必须马上偿还。在一封真情流露的信件中，埃塞克斯表达了他的顺从和忠诚。他写道："既然女王陛下后悔帮了我，我愿意倾尽我所有的土地来修补您的绝情在我心中造成的伤口，我甚至可以卖掉我那栋贫乏的庄园来偿还你借给我的那些钱。金钱和土地都是俗物，但是爱和善良却是美好的，因为他们的价值除了它们本身，无法用其他的任何东西去衡量。"女王陛下喜欢他的措辞，但是在经济问题上仍然紧卡不放。不久，在位于亨廷登基斯顿的一座庄园内，正如埃塞克斯告诉伯利勋爵的那样："我家族世世代代的遗产，没有产权纠纷、土壤肥沃的一大片土地"逐渐都会成为王室的财产。

她的慷慨是建立在有利可图的基础上的。她把国家进口甜葡萄酒一定时期内的海关经营权卖给了埃塞克斯，而他可以通过这一权力做任何他能做的事。以损害人民群众的利益为代价，他做了一笔大生意。但是被告知，当租期期满时，需按照女王的意愿决定是否予以再续。

他在对其所崇拜和所爱之人表达爱意的时候言辞慷慨。那些简单且朗朗上口，被人频繁使用却也模棱两可的单音节词总是挂在他的嘴边，而且总能在他的每封都很优雅、高尚、充满激情的信件中被发现。那些信现在还在，里面的文字写得挺拔而且活泼，还有那些扎信的丝带，是伊丽莎白曾经用她那修长的手指解开过的。她读着书信，听着甜言蜜语，心里得到了前所未有的满足。有一天，她终于知道他已经结婚了，而她为此暴怒了两个星期。埃塞克斯做了一个完美的选择，他选择了菲利普·西德尼爵士的遗孀，弗朗西斯·沃尔辛厄姆的女儿。他现在二十三岁，年轻帅气，精力充沛，享有世代承袭的爵位和荣华富贵。即使是伊丽莎白也无法强烈地反对。她内心如同下了一场暴风雨。她变得狂暴不安。然后她想起来她自己和她的仆人之间的关系非同一般,却和琐细的家庭生活无关。这个迷人的新郎和过去一样费尽心思地追求她,用甜言蜜语来哄骗她制造浪漫。于是她觉得一个女王可以令他忽略他的妻子。

不久之后发生的一件事情表明:全世界中的任何人,要想赢得伊丽莎白的青睐就必须担任公职,同时还要有个人的兴趣爱好。法国的亨利四世险些被天主教联盟以及西班牙人控制,现在急切地向英格兰求助。伊丽莎白犹豫了好几个月,最终勉强同意援助亨利,但是只能花最少的经费。她同意派出四千名士兵去挪威援助胡格诺派①教徒。埃塞克斯竭尽全力让她做了这个决定,现在他请求女王让他率领整队兵马。女王三次都拒绝了他的请求,最终,他在她面前跪了两小时,她还是拒绝了,但是之后突然之间她又同意了。埃塞克斯伯爵喜出望外地走了。但是不久之后他发现即使是统领一个最小的军队,需要的也不仅仅是骑士精神。在一五九一年的秋冬,困难和困惑接踵而至。他变得急躁、鲁莽、手足无措。他带着一小队护卫骑马离开了他的军队主力,穿过敌国,与法国国王就鲁昂②的围攻进行磋商,而他在回来的路上差点被天主教联盟之人阻断。英格兰的枢密院来信责备他没有必要拿自己的生命冒险,并且写道:"像一个普通的士兵一样去作战,在布满敌人的地区进行突然袭击。"女王发送了几封愤怒的信

---

① 胡格诺派(法语:Huguenot),又译雨格诺派、休京诺派,16世纪—17世纪法国新教徒形成的一个派别,与当时的天主教对立。

② 鲁昂:法国北部港市。

件，每件事都让她很恼火，她怀疑埃塞克斯的无能以及法国国王的背叛。她正想着即将把整个军队召回。就像那次葡萄牙的远征，这次的行动再一次证明对外战争是一件痛苦而又无利可图的事情。埃塞克斯在一场小型战役中失去了自己的兄弟，他对于女王的苛刻感到极度痛苦。他的军队人数减少到了一千人，有的死于战场，有的逃亡。英格兰人以匹夫之勇在鲁昂作战。而帕尔马[①]的国王从荷兰迫使亨利停止围攻。这个感染了疟疾的年轻人被突如其来的绝望击倒了。他告诉女王："残忍和悲伤，已经伤透了我的心，耗尽了我的智慧。"他和他的一位朋友说道："我希望摆脱这个牢笼，这于我而言生死攸关。"所幸，他高尚的精神不久之后再一次为其平反。由于他的勇敢，他重新赢回了他的声誉。他向鲁昂司令官单挑，这是他唯一一项得到了大家的认可的战略。然而，女王还是保持着怀疑的态度。她说，鲁昂司令官只是一个叛徒而已，她想不到提出或接受这种挑战的任何理由。而对于埃塞克斯来说，不管这次的远征会有什么意想不到的结果，他仍然将浪漫精神坚持到最后。当他准备回到英格兰的时候，他真的以一种古老的骑士姿态这么做了。在登船启程之前，他站在法国的海岸上，神圣地从剑鞘中拔出自己的剑，亲吻了剑刃。

---

① 帕尔马：意大利北部城市，当时是一个城邦。

第五章

少年的美好时光就快要过去了。在那些日子里,绝大部分男人在二十五岁这个年龄都已经成熟了。埃塞克斯身上依然保留着男孩子气,但是他也无法逃脱残酷的光阴。而且现在出现了一种新的局面,一种适合成年男子承担风险和责任的局面。

在英国的历史上发生过不止一次由单独的一个家族掌控大局的情况。伯利勋爵威廉姆·塞西尔,从王朝的统治开始就一直担任着首相,现在已经七十岁了,干不了多久了。那么谁会继承他的位置呢?他本身是希望他的小儿子罗伯特能够接任他的位置。他从小就是按照这个目标来培养他的。这个体弱多病、矮小的男孩由他的导师精心地辅导,而且被送到了英国以外的欧洲大陆旅行,被安排进入了英国的下议院,开始了解外交知识,文雅而坚持不懈地抓住每一个有利的时机引起女王的注意。伊丽莎白具有敏锐的眼光,撇开出身和职位高低,她认为这个有点驼背的小少年拥有出众的能力。当沃尔辛厄姆在一五九零年去世的时候,他把他的职责移交给了罗伯特·塞西尔爵士。所以这个二十七岁的年轻人虽然在名义上没有，但是在实际上却成了她主要的国务大臣。接下来就该决定头衔和酬劳了，她却犹豫不决。伯利勋爵很满意，他的付出成功了，他的儿子在权力的道路上站稳了脚跟。

但是伯利勋爵夫人有一个妹妹，她有两个儿子，安东尼·培根和弗朗西斯·培根，比他们的堂弟罗伯特长几岁。他们和罗伯特一样机智，才华横溢，且胸怀大志。他们一出生就被寄予厚望：他们的父亲是掌玺大臣，一个法律行业的领导人物。而他们的姨父在英格兰则是女王手底下最重要的人物。但是他们的父亲去世了，仅仅给他们留下了很小一部分的遗产。而他们的姨父，虽然手握大权，但是却似乎对于他们落魄时候的请求视而不见，也不念及他们之间的关系。伯利勋爵看起来不想为他的外甥们做任何事。为什么会这样呢？安东尼和弗朗西斯的解释非常简单：他们成了罗伯特事业的牺牲品。这个老男人嫉妒他们，忌惮他们。压制他们的才华和能力，这样罗伯特就没有竞争对手了。没有人知道这件事到底是什么情况。毫无疑问，伯利勋爵是自私而狡猾的，但是也有可能他并不像我们看到的那样具有那么大的影响力。也有可能他真的不相信他的外甥有那么独特的才华。不管这些猜测是不是真的，接下来他们之间便有了很大的嫌

伯利勋爵　威廉姆·塞西尔

隙。表面上他们之间还是相互尊重，相互喜爱，但是培根内心充满的失望感已经变成了刻骨的仇恨，而塞西尔也变得日益多疑和敌对。最后，培根决定不再对其姨父效忠，他不仅无能还无情。他们把自己的命运交给了其他懂得赏识他们的领导人物。他们举目四望，很显然埃塞克斯就是他们的选择。这位伯爵很年轻，活跃，可塑性强。他拥有的显赫职位看起来准备移交，他正等待着能够转交到一个更有才华、一个拥有至高政治影响力的人手中。他们有意愿也有才智去做。他们的姨父不知不觉之中便成了老迷糊，尽管他们的堂弟行事谨慎，但根本不是他们两个人的对手。他们要告诉这位父亲和这个儿子，虽然他们曾经想要置自

安东尼·培根

己于卑微之地，但是在这世界上太过贪婪必遭恶果，而且有时候与一个地位低下的穷亲戚争论是极其不明智的。

至少安东尼是这么想的，他是一个患了痛风且体弱多病的年轻人，脾气暴躁，冥顽不化。但是至于弗朗西斯的看法就更加复杂了。在他那令人惊叹的头脑中，隐藏着深渊和具有欺骗性的浅滩，这两种特质神秘地交织在一起，让好奇的观察者迷惑不解。弗朗西斯不止一次地被后世粗略地用这种对比的手法饶有兴致地进行描述。但是实际上，对于他这种非常不寻常的情况而言，运

用这种手法是十分不合适的。他智力精神的组成并不仅仅只是一些对立面的并置,而是渗入了各种不同的元素。他不是一匹有条纹的起绒粗呢,而是一匹闪光的丝绸。超然的推断、高度的个人自豪感、敏感多疑的不安、亟待实现的雄心壮志、超凡的鉴别力,这些品质交织混合在一起发光,展现出他那秘密的精神世界的一种微妙、耀眼夺目却阴险狠毒的表面。阴险狠毒的毒蛇——确实很有可能是他给自己选择的标签,这是一种聪明、迂回、危险的生物,是奥秘宇宙和美丽地球创造的产物。音乐响起,大蛇立起,伸展着头部,倾身倾听,狂喜地摇摆着。正是如此,在做出一些重要判决的过程中,英国上议院的大法官圣人似乎也会在一些高智商的甜言蜜语和众多的祝福中屏住呼吸,被纯粹风格的美妙所吸引。作为一个真正生长于文艺复兴时代的人物,弗朗西斯的复杂性不仅仅在于其精神上的成就,同时还有生活本身。他的思维可以在高深的学问和理论之间欣喜地穿梭,但是短暂生命中体验的多种多样的味道对他来说同样珍贵,光鲜亮丽的奢华生活、错综复杂的宫廷阴谋、敏捷活跃的青年侍从,就像是五颜六色的小玻璃碎片反射出来的五彩光线。如同当代所有伟大的灵魂一样,他天生就是一个知识渊博的艺术家。正是这种审美的特质,在一方面启发了他伟大的哲学思想,在另一方面使得他成了文坛卓越的大师作家。然而他的艺术技艺是十分特别的,他既不是一位科学家,也不是一位诗人。他的身上有近乎数学的精密之美,而那个时代所有重大的科学发现都逃离了他的视线。在文学上,尽管他的风格丰富多彩,他的天赋在本质上来说还是在散文上。他那些华丽的耐人寻味的语言来自他的思维领悟力而非感觉。思维领悟力！这是他所有精神变化中的一个共同的要素，是这条"大蛇"①的主心骨。

生活在这个世界上，到处都充满了陷阱：愚蠢的人很危险，聪明的人也很危险。对别人很危险，对自己也很危险。"知道自己不够机智是件好事。"睿智而品德高尚的马勒泽布说道，"但是我们往往想不到这点。"这一理论被《学术的进展》一书的作者②忽视。弗朗西斯·培根认为头脑简单的人不可能产生美德。他的思维领悟力彻底影响了他。他被此吸引，无法抗拒，它带领到哪，他就跟随到哪。从思维上和行动上，不断地走下去，他是一个不可思议的聪明男子。行动上也是这样的吗？是的，因为虽然人类混杂的现状是暴力的，疑惑不解的，但是可以确定的是，只要发挥我们的智慧，就可以通过它找到我们的方向，达到我们的目的。这位机智的艺术家是这么想的。他微笑着想要用他精细的剃须刀来塑造感情和事实模糊的原始模块。但是剃须刀在这种事故上可能是致命的。人的手可能会失误，也可能会自取灭亡。

悲惨的结局——这一点必然会影响我们对人物和生活的看法。但是这个结果在一开始就有暗示，这是固有品质所造成的必然结果。同样的理由使得培根写出了完美的散文，但是也导致了他物质和精神上的灭亡。大概不做诗人是非常不幸的。他的想象

---

① 指弗朗西斯·培根。

② 即弗朗西斯·培根。

力虽然很宏大，但是依然不足。他无法看透事物的内心深处，也看不清自己的内心。命中注定他永恒的敏锐心理从来没有向他揭露他自己愿望的本质。他从来没有想过自己是一个多么凡俗之人。因此，他的悲剧极其讽刺，人们对他的故事赋予了深深的同情。人们希望从无意识的背叛者、高尚的奉承者中转移视线，不去管拥有这种绝妙的智慧的人是如何落入自己编织的网中且被扼杀的。"虽然说人们生活在上帝的视角之下，但是我们的精神却禁锢在我们自己的观点和风俗习惯中，这使我们产生了无限的错误和无用的观点。"他如是写道。而且正因为如此，他最终意识到自己是一个被贬黜且备受打击的老男人，孤身一人在盖特山地用雪塞满一只已死的鸡[①]。

但是这所有的一切在19世纪前叶那些繁忙的岁月里还是非常遥远的，那个年代充满了骚动和可能性。雷利失宠和被捕入狱使得问题变得简单，雷利的多情和与女王的一个侍女伊丽莎白·思罗格莫顿的私通使女王震怒。这两大相对立的派别阵营划清了界限：一派是埃塞克斯和他的追随者建立的新阵营，闯劲十足，敢作敢为；另一派是以塞西尔为代表的老派，是一个根深蒂固的旧势力汇集的大本营。直到本世纪的末期，这仍然是当时政治局面的本质。但是由于独属于那个时代的妥协和怨恨，当时的政治局面更加复杂和混乱。政党制度仍然没有着落，而敌对的势力将分

[①] 1626年，只是学者身份的培根，经过盖特山地，他认为严寒可以防止动物尸体腐烂，于是下车用积雪填塞一只死鸡，结果却感染风寒去世。

组成为政府党派和其对立党派,而后发现他们自己并肩在一场共同的争斗中掌控执行权。一五九三年早期,埃塞克斯受命进入枢密院,然后成了他竞争对手的同僚。女王有权决定她的顾问。她可以倾听每位大臣的意见,她会参考她顾问的意见,从一个政策直接转变成另一个完全相反的政策。这是一个按照她的意愿建立的政府体制。因此,她能够尽情地享受万人之上的统治感,能够充分地使用权力对重大的可能发生的事件做决定。而正是通过这种方式,她能够设法保持一个持续的平衡,创造一个了不起的时代。她的仆人为寻求影响力而相互内斗,但仍然还是她的仆人。他们深刻的敌意并不影响他们做好自己的本职工作,齐心协力为女王效劳。他们不可以临时退出职位,要么在职,要么走人。做官失败了可能意味着死亡。但是,在没有失败之前,却是要跟危险的敌人每天在枢密院的会议桌上一起议事,和自己在朝廷内部小圈子的人碰面,一方的胜利就意味着对方的毁灭。

有了培根当后盾,埃塞克斯很快便成了朝廷宠儿,同时还成了国务大臣和政治家。最后,这个年轻人开始认真对待自己。他从来不缺席枢密院会议。当上议院要开会时,在早上七点,一天

埃塞克斯伯爵罗伯特·德福鲁 1588 年

的工作刚刚开始的时候,便能看见他坐在自己的位置上。但是他主要的活动是在别处开展的——在埃塞克斯宅邸中有墙裙的长廊里和用挂毯装饰的内室里。他的府邸是一座哥特式小楼,在那可以从滨河大道俯瞰整条泰晤士河。安东尼·培根用发热的法兰绒布包扎着脚,不知疲倦地挥动着笔,就在那里,一个伟大的计划出炉并付诸实践。塞西尔父子将败于他们自己选择的领地上。外事管理方面,伯利勋爵已经掌握最高权力三十载有余,但是即将被夺走。他们的情报经证实是不准确的,而基于情报之上的政策也是无效的、反向的。安东尼对此事深信不疑。他在欧洲大陆已经游览数年,在哪里都有朋友。凭借着敏锐的头脑和对知识不懈的追求,他研究过外国国情和复杂的外交伎俩。如果他的聪明才智能够得到有权也有钱的埃塞克斯的扶持,那么他们两人的组合可谓是战无不胜。埃塞克斯丝毫没有犹豫,他将自己全部的激情投入到了整个计划之中。于是他们之间开始了大量的信件往来。埃塞克斯伯爵提供经费,密使全部被派往欧洲,接着信件如潮水般涌入,分别来自苏格兰、法国、荷兰、意大利、西班牙以及波西米亚。信件内容包括国王每天说话的详细报告,军队的动向,以及整个复杂的国际阴谋的发展情况。安东尼·培根成了主心骨,他负责接收、整理以及交换这些信息。工作越来越多,不久之后,这就变成了一份庞大的业务,他有四个国务大臣协助,其中有足智多谋的亨利·沃顿,还有愤世嫉俗的亨利·卡夫。女王很快察觉到当讨论外交事务的时候,埃塞克斯很清楚自己在说什么。她阅读他的备忘录,她听求他的推荐意见。塞西尔发现他们精心收集的情报被无视。最终在那个具有两面性特征的时代出现了一个很奇怪的情况——埃塞克斯几乎成了实际上的外交部长。很多国家的大使都因为其影响力而拜倒在其门下，托马斯·博德利就是其中一个。他一边和伯利勋爵进行官方通信，一边又给安东尼·培根发送同样且更为机密的信息。如果说政府得到的消息是值得怀疑的，那么埃塞克斯得到的情报倒是很清楚。而当塞西尔父子知道正在发生的这件事之后，他们开始意识到必须好好地对付滨河大街的那栋府邸了。弗朗西斯·培根与埃塞克斯的联系并没有像他的哥哥和埃塞克斯那么紧密。作为一名律师，以及议会成员，他有自己的事业。在他闲暇时，他便看些文学作品，做些哲学方面的思考。但是他与埃塞克斯有着私下的联系。伯爵是他的赞助人，不管他在什么时候需要帮助，他随时都可以提供，不管需要建议还是国家文件草案，或者是一些精心编辑的象征性的恭维话，或是某种旷日持久的供伊丽莎白娱乐的伊丽莎白式哑谜猜字游戏。埃塞克斯比他小七岁，从他们相遇的那刻起，埃塞克斯便被这个比他大的男人的才智给吸引了。他热情地欢迎才华横溢、深沉睿智的他到来。他发誓，眼前这个不同寻常之人如此投入地为他效力，他一定要给他一个高尚的奖赏。首席检察官职位还空缺着，埃塞克斯立马宣布该职位非弗朗西斯·培根莫属。他还年轻，而且目前为止，在专业上的造诣也不深，但是这又何妨？他配得上更高的职位。女王也许会按照自己的意愿来钦点人员。但是如果埃塞克斯能够影响女王的话，那么这一次他推荐的人就应该优先考虑。

首席检察官确实是一个值得拥有的奖励，而且从埃塞克斯的手中接受这个奖赏能给伯利勋爵的外甥带来一种特别的满足感，这能够证明给他姨父看，没有他的帮助他也能够获得高官显位。弗朗西斯笑了，他看见一项伟大的事业在他的脑海中展现，法官职权、国家要职、要不了多久就能够得到，到时候他难道不能像他父亲一样，掌管英格兰的国玺吗？贵族封号！维勒拉姆，圣奥尔本斯，戈勒姆伯里，我该选择哪个响亮的封号呢？"我的戈勒姆伯里庄园"，他绕着舌头读着，接着他的脑子里又蹦出别的想法。他知道他有着超凡的行政能力。他能够引导这个国家的命运，这个世界应该知道他的价值。但是这些终究也都只是一些不足为道的小计而已。大部分人能够成为政客，很多人也可能成为政治家，但是是否有可能命运为他一人预留了一个更精彩的人生呢？运用他的地位和权力传播知识，创造有用的新知识，通过越来越广阔的传播造福人民……这些都是辉煌的目标。对于他自己来说，他突然想到了另外一个好处——那个职位一定很方便。他急需钱，生活很奢侈，他知道，他没有办法改变。对他来说不可能像穷人那样过着拮据的生活。他华丽的秉性需要物质享受带来慰藉。精致的服装是必需品，还有音乐和具有一定资质的管家。他的感官非常挑剔，普通皮革的气味对于他来说就是一种折磨，他让他所有的仆人都穿上西班牙的皮靴。他费尽心思想要得到一种特别的酒精含量很低的啤酒，只有这种啤酒，他的味觉才能够忍受。"他那精致、灵动的淡褐色眼睛就像是一条毒蛇的眼睛。"威廉姆·哈维说道，"要求美丽的事物不断地更新。"一群帅气的年轻人，现在也只剩下名字了，一个叫琼斯，一个叫珀西。他们对他来说亦仆亦伴，而且他发现他们的双重身份带给他一种意想不到的满足感。但是他们奢侈阔绰的生活花费惊人。他已经债台高筑，而且他的债权人变得越来越不满。这是毫无疑问的，不管从哪方面来看，成为首席检察官都是一个赚钱的好机会。

一开始，埃塞克斯几乎确信自己能够马上得到任命。他特意挑了个女王心情好的日子，向女王推荐培根，然后他立刻发现这条路上存在着一个重大的障碍。几周前，培根作为下议院成员反对了女王提出的一项对王室补贴的捐税议案。他声称税收太繁重了，而允许征税的时间又太短。上议院对此进行了干涉而且试图与下议院开会商讨。于是在会议上，培根指出了允许上议院参与财政讨论所存在的危险性，结果他们的议案就被否决了。伊丽莎白十分生气，下议院中的一位成员却胆敢干涉这样的问题，这让她觉得这是一种不忠诚。因此，她禁止培根出现在她面前。埃塞克斯试图说服她，但也只是徒劳。培根的道歉在她看来远远不够，他为自己辩解说他所做的事情仅仅是出于一种责任感。事实上，他这次行动别有用心，但是，这也是最后一次了。他发表反对补助的言论，非常聪明，但是如果他没有说那些话将会更聪明。今后他再也不允许自己为了在朝廷上看起来不依附任何党派而如此直率坦白。如此坦率处理的后果很明显。埃塞克斯越极力推荐他，女王就越反感。她说，培根历练太少，他是个只会纸上谈兵的人。而爱德华·科克是一个理智的律师。几周过去了，几个月过去了，首席检察官这个位置仍然没有着落。在堆积如山的未付账单面前,培根对于人类思想的转变也变得毫无把握了。

埃塞克斯继续保持乐观,但是培根意识到如果这件事还要继续拖下去,他有可能破产,所以他尽全力地到处筹钱。安东尼卖了一栋庄园,把收入给了他。他自己决定要卖地,但是只有一处地产是可用的,而且没有他母亲的同意,他不可以随意处置。培根老夫人是一位了不起的遗孀,她真正经历过艰苦的生活,经历过磨难,在乡村过着极端拘谨的清教徒式的生活。她极其不喜欢他的儿子弗朗西斯。虽然不喜欢,但是像她这么聪明的人知道不直接表达情绪才是明智的。有些关于她儿子弗朗西斯的事情让她在对他发火之前还得三思。在这种情况下,她更喜欢找安东尼倾诉,在他稍微令人安心的凝视面前,倾吐她的烦恼,希望她说的一些话能够真正得到理解。当这两兄弟说到土地问题的时候,她的狂怒飙升到沸点。她给安东尼写了一封长长的信件,信中字迹潦草,满是愤怒。她说,为了维持弗朗西斯和他那些臭名昭著的仆人的奢华生活,他向她征求同意出售这栋地产。她写道:"当然,我可怜你的弟弟,但是,他也不怜恤下自己,而是要保全那个该死的珀西,我当初就提醒过他,珀西作为他的教练和枕边人,我是坚决反对的。他是一个骄傲、世俗、花费昂贵的家伙,我真的担心他的存在对你弟弟的声誉和健康产生恶劣的影响,上帝不喜欢这样,也就不会保佑你弟弟……琼斯从来没有真心爱过你的弟弟,但是却为了他自己的名誉,一直依赖你弟弟。虽然他到处吹嘘,但是却从不感恩……几乎可以肯定的是,首先是恩妮这个污秽挥霍无度的无赖,然后是他那些一个接一个的威尔士同乡，只要收留了一个，其他人就会像害虫般涌入，把他拉入同一辆火车，在这以前，他可是个充满希望的年轻绅士，而且还是个背负着虔诚信仰和期望的儿子啊。"因此，她强烈地批评了他。她宣布，只有当她收到弗朗西斯的一份完整的债务表而且任凭她自由处理这些债务问题的时候才会放手这片土地。她说："因为我不愿意惹得上帝不高兴，并且使他对神产生恐惧。"

当这封信传到了弗朗西斯手上，他给他的母亲回了一封非常详尽的信件，表达自己的抗议和抚慰。她火冒三丈地退回给了安东尼。"此封信请回给你弟弟。解释下其中的含义。我不明白他那折叠的信件中高深莫测的内容。"她说，她儿子已经被赐予"自然的智慧和理解的天赋。但是我相信而且全身心地祈祷，赐予他的那些恩惠的上帝能够净化他的心灵，让他把这种恩惠用在正途，把光荣归于上帝，让他的内心得到慰藉。"她的祈祷，这是那些祈祷的母亲的共同命运，得到的回答是讽刺的。对于土地问题，培根老夫人最后发现自己没法拗过两个儿子。于是，她无条件屈服了，而弗朗西斯最后也从她的窘境中解放出来。

与此同时，埃塞克斯并没有放松对女王的说服工作。安东尼对他母亲写道："我不知道用哪种方式来感谢伯爵对我们俩那无法言喻的恩情，但是现在对他来说处于紧要关头，通过上帝的帮助，马上就能够取得好的效果。"在几场长时间的会议中，每次讲完重点内容之后，他立马用信件的方式告诉这两兄弟其中一个。埃塞克斯极力主张伊丽莎白任用他推荐的人。但是"好的效果"迟迟未出现。职位空缺从一五九三年四月就开始了，而现在冬天都要过去了，仍然还是空缺着。很显然，女王又在展现着她的另一种拖延策略。在和埃塞克斯不断地讨论他朋友资质的过程中，她得心应手。她提出了各种疑问和困难，对于每一个回答，她都能够立马反驳，但她突然之间动摇了，看起来游走于做决定的边缘。每一件事，她都用一些无关紧要的借口推迟，她有时勃然大怒，有时惹人喜爱，有时用跳舞来打发时间。埃塞克斯不相信他会失败，有时候真的是很生气，可见了女王又是分外高兴。她用她的嘲弄来刺痛他，看着他愤怒的泪水开始在眼眶里打转。首席检察官花落谁家，弗朗西斯·培根的命运又将如何？这一切都缠绕在那张神秘的风流韵事网中。有时候，挑逗会被意气所征服。在那个冬天，不止一次，这个年轻人突然间生气、消失，事先没有任何的预兆。一种忧郁和空虚突然向伊丽莎白袭来。她无法隐藏她的焦虑。突然之间，他即将回去，被嘲笑的指责和响亮的咒骂所淹没。

  吵架是短暂的，和解总令人愉快。在主显节前夕，白厅有舞台演出和舞蹈表演。坐在高高在上华丽的王位之上，女王观看着庆典。她身旁站着伯爵，跟他在一起的时候，"她总是有意做出亲密而受宠的样子"——这是朝臣安东尼·斯坦登在流传给我们的一封信中对这个场景的描述。快乐和睦的秩序持续了一个小时，在精心装饰且镶嵌有珠宝的幔帐中，气场十足的女王见证着她六十岁的生日，仿佛闪耀着几近年轻的光辉。她身边那个可爱的骑士制造了这个奇迹，她的笑容使得这漫长的无情岁月竟然没有在她的脸上留下痕迹。朝臣崇拜地凝视着她，没有一点不和谐的感觉。"她很美丽，"安东尼·斯坦登写道，"在我这老头的眼里，她和我第一次见她一样美丽。"

　　对于在这样一个晚会中的英雄来说，他还有可能被拒绝吗？如果他已经下定决心要将首席检察官的位置给培根，那么他就一定能做到。做决定的时间似乎就要临近。伯利勋爵请求女王不要再犹豫不决了，而且他建议把这个职位给爱德华·科克。塞西尔父子相信她会这么做的。罗伯特爵士有一天和埃塞克斯伯爵一起驾着马车穿过市区的时候告诉他任命将会在一周之内进行。他接着说："阁下，请问您更倾向于谁？"埃塞克斯回答道："弗朗西斯·培根。"罗伯特爵士一定知道他是支持弗朗西斯·培根的。"我的天啊！"罗伯特爵士回答道，"我很惊讶您竟然把您的精力花在了如此一件不可能的事情上。如果阁下说的是副检察官，那么对于女王陛下来说可能更容易接受。"说到这，埃塞克斯爆发了。"不要跟我扯别的，"他大叫道，"首席检察官我是一定要给弗朗西斯争取到的。不管对手是谁，为此我会竭尽一切权力，动用我的人脉关系，不惜一切手段打败他的竞争对手，为其夺得这一职位。不管是谁，要是从我的手中为他人夺得这一职位，那么在他得到之前，一定会在之后付出代价。罗伯特爵士，这点是可以肯定的，这些就是我想要说的。倒是您，罗伯特爵士，我认为您和皇室财务大臣想法很一致，自己的身边有一位亲戚不帮，却偏袒陌生人。"罗伯特爵士陷入沉默。马车吱呀吱呀地响着，载着这两位正在气头上的大臣前进。自此以后，这两派也没什么好隐瞒的了，他们激烈地对峙着，为了取得胜利，"科克派"和"培根派"

都使出了浑身解数。

但是伊丽莎白的态度变得比任何时候都要更模棱两可。几周过去了，仍然没有要任命的迹象。对任何事情做任何的决定对于她来说都变得很讨厌。在汉普顿宫①她徘徊在精神麻痹状态的边缘，她本想去温莎城堡②，她按照这个意思下了命令，但是又取消了。每一天她都在改变主意，对于她来说，决定自己想走动一下还是静静地待着都是件难事。整个王宫都沉浸在苦恼中，一团糟。管理装着皇室行李的运货马车夫第三次被召见，而这一次，他被告知还是回去吧。"我现在明白了，"他说，"女王是一个女人，跟我的妻子一样。"女王站在窗户前，碰巧听见了这番评论，然后大笑起来。"这家伙还真能胡说八道！"她说道，然后给了他三个金币堵住了他的嘴。最后，她真的走出去了，去了农萨其宫苑的离宫。又过了几周，现在已经是一五九四年的复活节了。她突然将科克定为了首席检察官。

这个消息对于培根、埃塞克斯以及整个党派来说是一个沉重的打击，塞西尔父子的影响力直接受到了挑战，对手赢了。很显然，女王对于伯爵的偏爱还是存在限制的。但是目前就培根来

---

① 汉普顿宫：(Hampton Court Palace) 前英国皇室官邸，位于伦敦西南部泰晤士河边的里士满 (Richmond upon Thames)。皇室虽已迁出，但该皇宫的历史魅力和其园林的艺术风格使之成为伦敦不可错过的人文历史景点，素有"英国的凡尔赛宫"之称，英国都铎式王宫的典范。

② 温莎城堡：(Windsor Castle) 位于英国英格兰东南部区域伯克郡温莎-梅登黑德皇家自治市镇温莎，目前是英国王室温莎王朝的家族城堡，也是现今世界上有人居住的城堡中最大的一个。

汉普顿宫（伦敦西部的旧王宫）

说，还是有机会挽回局面的。科克的任命使得副检察官一职空缺，看起来培根似乎是这一职位的不二人选。塞西尔父子自己默认了。埃塞克斯觉得这一次总该没有什么悬念了吧。他急匆匆地找到女王，但再一次被拒绝了。女王十分保守，她说她反对培根，原因很简单，因为支持他的人只有埃塞克斯和伯利勋爵。对于这个问题，埃塞克斯不停地争论、解释，直到伊丽莎白大发雷霆。"女王处于恼怒中，"之后埃塞克斯立马写信给朋友说，"她命令我如果没什么要说的，就回去睡觉吧。我被气回来了，走的时候我说，当我和她在一起的时候，我只能为我器重之人谋求事业，向她求情。如果她不答应，我就先退下，直到我能够和她相处得更融洽些再说。因此我们分开了。"此后，他又开始为弗朗西斯·培根的命运进行了另一番奇怪的斗争。在将近一年的时间里，伊丽莎白都拒绝任命首席检察官，那么在这次对于副检察官的任命上，她是否和上次一样拖延那么久呢？她之前对所有事情犹豫不决的态度是否重现，她将无限期地让每个人都处于她悬而未决的极度痛苦之中？

事实上，这些都是可能的。副检察官的职位已经空缺长达十八个月。在那段时间里，埃塞克斯从来没有失去勇气。他不断地试着说服女王，不管合不合时宜。他给掌玺大臣帕克雷写信，竭力诉说培根的要求，为此，他甚至还给罗伯特·塞西尔写信。他对后者说道："对于您，作为一位枢密院顾问，我写这封信是想说，如果女王陛下重用培根，那么在她的统治中，她就能够获得一位合适的得力干将为其完成伟大而光荣的事业。"老安东尼·斯坦登对于这位伯爵的执着感到很惊讶。他本以为他的庇护人对目标的追求缺乏顽强的意志，"他必须像一个男孩一样整天被揪着耳朵才学习"，而现在他知道了，即使没有督促，他也能够最大限度地做到坚持不懈。在另一方面，培根老夫人在戈勒姆伯里大怒，在她眼里，"这位伯爵用暴力的方式毁了一切"。她认为女王有种喜欢和别人对着干的臭脾气，因此被迫低估了弗朗西斯的价值。也许事情就是这样的，但是谁又能保证有说服伊丽莎白的正确方法呢？不止一次，她看起来都快要同意这位宠臣的建议。有一次富尔克·格雷维尔去觐见她，当他抓住机会为他的朋友讲话的时候，她"非常友好仁慈"。格雷维尔把话题引到了培根的美德上。女王陛下说："是的，他现在开始调教得不错。"这种表达也许有点奇怪，这个词语不是用于描述驯服桀骜不驯的马吗？但是格雷维尔被这种皇室的仁慈给俘虏了,几乎相信了一切都很好。"我用一百英镑赌五十英镑,"他在给弗朗西斯的信中写道,"你一定会成为她的副检察官的。"

当他的朋友都充满希望和活力的时候,弗朗西斯自己反而变得焦虑不安。长时间的压力对于敏感的他来说真的太煎熬了,而且一个月又一个月地拖着,女王没有下达任何的决定,这使得他处于绝望的边缘。他的兄弟和他的母亲都有着同样的脾性,也以不同的方式表达出了他们的不安。当安东尼将自己沉浸在海量的信件中,以此来掩饰自己情绪的时候,培根老夫人随意地发泄她的愤怒,这使得她成了所有人生活的负担。安东尼的一个在戈勒姆伯里的仆人在信里告诉了安东尼一个关于一只灵缇母犬的悲伤故事。当时他已经把这只犬带回家了,"老太太一看见它,她就向我发话说这只狗应该被绞死。"仆人一再地拖延时间,但是"不久之后,她就警告我,如果我不把这只狗弄走,她就无法入睡。所以我真的把它绞死了。"结果出乎我的意料。"她非常生气,说我太残忍了……老太太到现在都没有理过我。我根本无意冒犯她,也不想惹她生气,但是没有人能够一直逗她开心。"然而,这个不知所措的家伙想到一点之后又开心起来。他说:"这只母狗毫无价值,否则我也不会绞死它。"等她冷静下来的时候,这位老年贵妇试着改变她自己以及她儿子们的想法,远离世界的纷纷扰扰。"我很抱歉,"她在给安东尼的信中写道,"你的弟弟内心压抑悲伤,影响着他的身体健康。每个人都说他看起来瘦骨嶙峋,脸色苍白。让他向上帝祷告,虔诚地听讲道,看《圣经》,不要理会别人叫他注意和照顾好自己的话。"

但是弗朗西斯并不喜欢这个建议,他更喜欢思考其他的方向。他给女王送了一个很贵重的珠宝,但是女王拒绝了,优雅地拒绝了。他告诉女王陛下,他要出国旅行,但是出于节约的目的,她禁止了这一项目。他紧张的神经,惹来了三千烦恼丝,最终导致了他的言行失检和彻头彻尾的愚蠢行为。他派发了一封谏书给掌玺大臣帕克雷,表示强烈抗议。他认为帕克雷背弃了他的职责,而且他还以一种影射的方式攻击他的表弟罗伯特,那语气让人想到一只母猫。"爵士,我向您保证,首先我没有针对您搞派别斗争的意思,我的一位很聪明的朋友郑重地告诉我,您已经被科文特里爵士用两千枚金币给收买了……而且他还说通过您的仆人、夫人,和看到您去插手我的事情的几位法律顾问,知道您在背地里报复我。我相信真相并不是这样的。"职位的任命依然悬而未决,而这一切都需要轻率鲁莽的埃塞克斯去解决,通过温婉的表达和老练的解释,将精明的培根所做的事情对他自己仕途造成的损害降低。

一五九五年十月,弗莱明先生被任命为副检察官,两年半的漫长斗争就此结束。埃塞克斯失败了,完全地失败,败在他怎么也不愿相信可能失败的地方。这场失败严重损害了他的声誉,但是,他是一个英勇高尚的人,他首先想到的就是那位他一直看好的朋友,也许这位朋友由于过度自信或者缺乏判断力而找错了靠山。任命一结束,他便拜访了弗朗西斯·培根。"培根阁下,"他说道,"在那个职位的任命上,女王已经把你否决了,而扶持了另外一位。我知道整件事情上面并不怪你,只怪你运气不佳,选择了我作为你的靠山。如果我不能多少给你带来点财富,那么我真该死:你千万不要拒绝接受我赐予你的一块地。"培根不愿接受,但是不久之后便又接受了,而且伯爵还送给他一处地产,之后他以一千八百英镑的价格卖出,现在我们看来至少值一万英镑。

也许,就整体而言,在这场较量中他能够脱身已经很幸运了。更糟糕的事情还等着他呢。在这个听天由命的世界,皇室的一根小指头就能够在任何时候让一个人毁灭。在老谋深算的朝臣和高压政策的表面之下,是残忍、腐败和咬牙切齿。无论如何,没有和布思先生一样就是幸运的。布思先生是安东尼·培根的门客,他是个可怜人,突然间发现自己被法院大法官处以巨额罚金,然后锒铛入狱,双耳被割除。没有人相信他罪有应得,但是就有这么几个人决定从中按照自己的利益把事情闹大,而我们在安东尼的信件中,发现了这一小小的、卑鄙肮脏的、荒唐可笑的阴谋,这正好与争夺两个最高检察官的职位这场英雄的战斗发生在同一时代。布思先生的朋友找到了一位叫埃德蒙兹的宫廷侍女,告诉她只要她能够让布思免受惩罚,就给她一百英镑。她马上就跑到女王那里去了,正好女王当时平易近人,比较好说话。然而,不幸的是,女王陛下解释道,关于布思先生的罚款,她已经答应给她养马场里的管家了——"一位资格很老的仆人",因此在这个问题上没什么可谈的。女王陛下说道:"我的意思是,为了在一定程度上惩罚这个傻子,我是一定要把他放进监狱的。""不过,"她补充道,突然之间对埃德蒙兹女士慷慨起来,"如果你能够从这场诉讼案中获得任何的利益,那么我就如你所愿,将他释放。至于他的耳朵……"女王陛下耸了耸肩,谈话就结束了。毫无疑问,埃德蒙兹女士自然知道这是一件"好商品",于是把价格抬高到了两百英镑。她甚至威胁说要把事情变得更糟糕,因为就像她说的那样,她不仅可以影响女王,还可以影响掌玺大臣帕克雷。安东尼·斯坦登认为她是一个危险的女人,并且建议给个折中价——一百五十英镑,协商的过程漫长而复杂,但是看起来似乎终于达成一致,罚款一定要缴纳,除此之外另付一百五十英镑给埃德蒙兹女士,这样就能够免除监禁。这就是这个时代的黑暗之处:不管是高高在上的大事,还是低至尘埃的小事,所有的事物都反映出这个模棱两可的两面性时代的真实特征,当我们徒劳地探索着解开大人物们灵魂的谜团的方法以及探究君王们奇怪的想法的时候,布思先生被割去耳朵的真相被永远地隐藏了。

第六章

布思先生的案例就是一部残忍的闹剧,而这位杰出的伯爵,一门心思忙于不同的紧急事情——他的职位与女王之间的关系、首席检察官、英格兰的外交政策,根本没有花时间想过这件事。但是还有一件并不隐晦的犯罪案件,背后却有着可怕的含义,它突然之间变得臭名昭著,这引起了他的注意,这就是骇人听闻的洛佩斯医生的悲剧。

鲁伊·洛佩斯是一位葡萄牙裔犹太人,从一出生开始就被宗教法庭驱赶出自己的国家,在伊丽莎白一上任,他便来到了英格兰,以医生的身份在伦敦落脚了。他的事业非常成功,他成了圣巴尔多禄茂医院的内科医师,尽管备受同行嫉妒,还要忍受种族偏见,但他最终获得了为上流人物治病的机会。莱斯特和沃尔辛厄姆都是他的病人,在英格兰待了十七年之后,他爬到了行业中最高的地位:女王的主管医师。作为一位比他的英国对手更优秀的犹太人,有些人窃窃私语攻击他是很正常的,还有流言说他如今的成就与其说是靠着自己的医学技术,还不如说是靠着阿谀奉承和自吹自擂，诽谤莱斯特的小册子中就暗示着他对这位位高权重之人很好，还帮助他提取出毒素。但是有了女王的偏爱，洛佩斯医生是安全的，这种恶意几乎可以忽略。在一五九三年十月，他已经是一个富有的有头有脸的人物了——一位从事医疗行业的基督教徒，有个儿子在温彻斯特公学读书，在霍尔本有一幢房子，所有的一切都展示着他的财富和地位。

他的同乡唐·安东尼奥——葡萄牙王位的觊觎者，同样也在英格兰生活。自从四年前发生了灾难性的里斯本远征，这个不幸的男人就开始迅速地名誉扫地，一贫如洗。他认为葡萄牙人一定会起来响应他的异想天开，让他在伊丽莎白面前名誉扫地。他随身携带到英格兰的那些华丽的珠宝一件一件地被卖出，他身边围着一群饥肠辘辘的侍从。英国政府用微薄的津贴搪塞他，他和他的儿子唐·马诺埃尔被送往伊顿公学寄宿。当女王在温莎的时候，他会像一个面容枯槁的幽灵一样出没，在王宫的附近游荡。

然而，总体来说他还是有地位的。在与西班牙对峙的这场战争中，他可能还是一枚有用的棋子。埃塞克斯以一种友好的姿态密切地关注着他，因为这位伯爵出于某种不可避免的推动力，已经成为英国反西班牙党派的领袖了。塞西尔父子，自然是温和派，开始希望这场对任何一方都无利，而仅仅是为了拖延而拖延的战争能够尽早结束。这件事本身就足够激起埃塞克斯的战斗欲望，但是他变得摇摆不定，不仅仅因为塞西尔父子的反对。他躁动不安，内心幻想一种不可抗拒的力量，这种力量一直催促着他踏上这场战争的冒险。因此，只有他真实的性情才能表达出他自己,也只有在这项事业上他才能得到他追逐的荣耀。他必定会有敌人:在国内,还有人会质疑吗?是塞西尔父子;在国外,很显然是西班牙!这样一来,他成了伊丽莎白新爱国主义的焦点人物。这是一种不同于宗教、政治的爱国主义,这是一种敢作敢为、踌躇满志、团结一致的精神的反映。经过多年的摸索和准备之后,当硝烟散去,暴风雨平息,西班牙无敌舰队宣告覆败,这些精神终于流淌进了英国人的血液里。就在那一刻,新的精神在《帖木儿大帝》光荣的节奏中,响彻心扉。而埃塞克斯就是这一形象活生生的化身。他会一次性彻底粉碎西班牙人的权力,斩钉截铁地维护伟大的英格兰。因此,在这样一种事业之下,不可以忽视任何的手段,甚至是被抛弃的唐·安东尼奥也有可能提供有用的帮助。也许可能,谁知道呢?会有另一次葡萄牙远征,比上一次的更加好运。国王菲利普无论如何都会这么想。他极其渴望摆脱唐·安东尼奥。在布鲁塞尔和埃尔·埃斯科里亚尔王宫①,不止一个暗杀的阴谋正在酝酿孵化中。他那些在西班牙用黄金购买的穷困的追随者,在英格兰和佛兰德斯②前后流窜,不断地制造麻烦。安东尼·培根通过他的间谍,保持着高度的警惕。这位觊觎高位者必须要监视起来,因为谁也不知道他什么时候在何处发动攻

---

① 埃尔·埃斯科里亚尔王宫位于马德里西北的瓜达拉玛(Guadarrama)山麓,距马德里仅50千米之遥。它的全称是圣·洛伦索·德·埃尔·埃斯科里亚尔皇家修道院,中国游客简称为王宫。

② 佛兰德斯:(Flanders)西欧的一个历史地名,中世纪欧洲一位伯爵的领地,泛指古代尼德兰南部地区,位于西欧低地西南部、北海沿岸,包括今日比利时的东佛兰德省和西佛兰德省、法国的加莱海峡省和北方省、荷兰的泽兰省。

击。但是有一天他的小心谨慎终于得到了回报。

埃塞克斯府邸收到了消息,某个叫埃斯特班·费雷拉的人,他是一位葡萄牙的绅士,由于其选了唐·安东尼奥当靠山,而导致事业被毁,然后住在了霍尔本镇上洛佩斯的家中,密谋策划反对他的主人,而且还给西班牙国王提供服务。消息必定是可靠的,而且埃塞克斯从伊丽莎白那得到命令逮捕费雷拉。于是,费雷拉依令被抓了,对他没有什么确切的控告,但他却被送到了伊顿,由唐·安东尼奥看管。同时,拉伊、桑威奇、多佛得到命令,所有可能到达这些港口的葡萄牙信件都要被扣留查看。当洛佩斯博士听说费雷拉被逮捕之后,他便去找了女王,请求她把他的同胞无罪释放。他说,唐·安东尼奥才是那个最应该怪罪的人,他虐待他的仆人,对女王陛下忘恩负义。伊丽莎白在一旁听着,这位医生冒着风险大胆地说,如果费雷拉被释放出来的话,那么很有可能"有利于两国之间的和平"。这个建议看起来并不能让伊丽莎白满意。"或者,"医生说道,"如果女王陛下您不想这么办……"他停顿了一下,接着莫名其妙地说道,"骗子难道不好骗吗?"伊丽莎白凝视着他,她不知道他在说什么,但是很显然他过于放肆了。而这位医生已经感觉到了他并没有给女王留下一个好印象,于是他鞠躬之后,便走出了房间。两周之后,戈麦斯·阿维拉,一个出生贫贱的葡萄牙人,住在霍尔本离洛佩斯不远的地方,在桑威奇被逮捕了。当时,他正从佛兰德斯回来,在他身上发现了一封葡萄牙信件。英国非官方机构都不知道写信人和收信人是谁。至于内容,虽然说看起来是关于商业贸易的,却十分可疑,有些语言的表达模棱两可。"持信人将通知阁下珍珠的价格。稍后，敝人将建议您能出的最高价……此外，这位持信人将会通知阁下我们购买少量麝香和琥珀的决心……但是在我决定是否购买之前，我还是希望了解定价详情，如果阁下有兴趣成为我的合作伙伴，我相信我们一定能够财源广进。"这里面有什么隐含的意思吗？戈麦斯·阿维拉什么也不肯说。他被转移到了伦敦，并被严格监管。在被这个案件的主负责人搜查之前，他在接待室等候，他认出了一位会说西班牙语的绅士。他请求这位绅士将他被捕的消息告诉洛佩斯医生。

与此同时，费雷拉仍然是一个在伊顿的囚徒。有一天，他走了一步犯罪的险棋。他设法传给在附近住宿的洛佩斯医生一张纸条，以此来警告医生"看在上帝的分上"阻止戈麦斯·阿维拉从布鲁塞尔回来，"因为如果他被捕了，那么医生就会遭殃，毫无回旋余地。"洛佩斯目前还没有听说戈麦斯被捕的事情，他用藏在手帕里的碎纸片回应道："他已经两三次去佛兰德斯阻止戈麦斯回来，即使花费三百英镑也在所不惜。"这两封信都被间谍拦截了，拆开阅读，抄录之后便发出去了。接着女王便将费雷拉传来，拿着信件的内容跟他对质，他被告知洛佩斯已经背叛他了。他立即揭露出这位医生已经多年给西班牙提供财政支持。这里有一个计划，他说，通过这个计划，唐·安东尼奥的儿子兼继承人将被收买转而为菲利普的利益效劳，而这位医生是这场谈判中的主要代理人。他补充道，三年前，就是为了能够去西班牙并安排毒害唐·安东尼奥的计划，洛佩斯将一位葡萄牙间谍从监狱中释放出来，这个人叫安德拉达。信息错综复杂、扑朔迷离，政府当局认真地做着记录，等待着进一步的进展。

同时，戈麦斯·阿维拉在伦敦塔上施刑示众。他终于不再坚持，承认了自己受雇于人，作为费雷拉和另外一位葡萄牙人蒂诺科在布鲁塞尔的中间传信人，蒂诺科在西班牙政府领着俸禄。他说，这个麝香和琥珀的信件是由蒂诺科用化名写的，然后寄到费雷拉那儿的。然后根据从费雷拉那得到的信息，蒂诺科便会进一步问戈麦斯更多的问题。事实就是如此，戈麦斯供认，确实有个计划要收买唐·安东尼奥的儿子。这个年轻人将会得到五万克朗的金币作为贿赂金，这封关于琥珀和麝香的信件谈到了这桩交易。在审问费雷拉的时候，他也承认了这一点。

两个月后，伯利勋爵收到了蒂诺科的信件。他说，他希望去英格兰向女王揭露这些他在布鲁塞尔获得的极度重要的秘密，以保证女王的统治安全，因此他要求得到安全通行证。安全通行证已经寄出去了，这就像伯利勋爵之后说的，这通行证是"精心拟定的"，它能够保证送信人安全地入境至英格兰，但是其中并没有提到可以让他再次出境。在蒂诺科到达多佛不久，他立马就被逮捕了，然后被带到了伦敦。他被搜身，在他身上搜出了大面额的汇票以及两封由佛兰德斯的一位西班牙政府官员寄来的给费雷拉的信件。

蒂诺科是一位有着丰富人生经历的年轻人。多年以来，他一直与唐·安东尼奥同甘共苦。他在摩洛哥打过仗，被摩尔人抓进过监狱，在受了四年的奴役之后，又在伦敦重新和他的主人碰面了。在穷困潦倒的情况下，他像他的同伴费雷拉一样不顾后果地把自己卖给了西班牙。可是他们这一类人还能做什么呢？他们就是漂浮的稻草被卷入了欧洲政治的漩涡，他们没有选择，兜兜转转之后，便深陷漩涡，紧挨着万丈深渊。但是对于蒂诺科来说，他年轻、强壮、勇敢，生活尽管充满了背叛和危险，但是也有让人向往之处。人们有一种喜欢恐怖的激情。此外，命运无常，厚颜无耻、肆无忌惮的阴谋家也许能一直买彩票中大奖，也有可能陷入某种不可言喻的悲惨厄运。

从蒂诺科身上找到的信件言辞模糊而且神秘，很容易被添上欺骗性的恶意解读。信件被送往埃塞克斯那去了，他决定亲自审问这个年轻人。审问用法语进行，蒂诺科已经准备好了详细的供词，他来英格兰就是为了向女王揭露一个耶稣会士想要谋害她性命的阴谋。但是他在这位伯爵的交叉审讯中，闪烁其词，自相矛盾，最终自己崩溃了。第二天，他写信给伯利勋爵，自证清白。他说，他曾经对埃塞克斯伯爵提出的各种奸诈问题感到困惑，他法语不好，不懂询问的主旨，也不会自我表达，他乞求他们把他被送回佛兰德斯。因为这封信件，他的唯一下场就是他的人身自由受到了更严格的限制。当埃塞克斯再次用几个主要问题对他步步紧逼地审问时，他坦率地承认，为了见费雷拉，他被西班牙当局送到英国，他们俩准备联手说服洛佩斯医生，为西班牙国王服务。又是洛佩斯医生！在埃塞克斯看来，每一次的调查审问，线索都直接指向这位犹太人，他写给费雷拉的秘密便条罪大恶极。费雷拉本人、戈麦斯·阿维拉，以及现在的蒂诺科都一致认为这位医生是西班牙这场阴谋的关键人物。如果他们三个人的话可信的话，那么这个阴谋一定是针对唐·安东尼奥。但是他们能相信吗？难道背后就没有隐藏一些阴险的目的吗？这件事必须详细调查。埃塞克斯觐见了女王。一五九四年一月一日，女王陛下的首席医生——洛佩斯医生被捕。

他被带到埃塞克斯府邸，当他在那被密切监视的时候，他在霍尔本的住所被翻了个底朝天，但没有发现可疑之处。随后，这位医生被皇室财务大臣——罗伯特·塞西尔和埃塞克斯共同审问。他对每个问题都能做出满意的回答。塞西尔父子相信埃塞克斯所有的发现都是无稽之谈。在他们看来，整件事情只是出于这位伯爵对于反西班牙的执迷。在他眼里，处处是阴谋和间谍，而现在，他正在试图捏造一个荒唐的事实来攻击这个不幸的犹太人。这位犹太人忠心耿耿地服侍女王多年，他对每一个可疑的情况都做了解释。而且大家对他的尊敬就充分证明，对他的这种攻击是一种愚蠢和恶意的行为。因此，审查一结束，罗伯特爵士便赶着见女王，并通知她，他和他的父亲都相信医生是清白的。但埃塞克斯依然不为所动，坚持己见。他也去觐见了女王，但是他发现她和罗伯特爵士在一起，而且正在气头上。他一出现，便受到女王的谩骂攻击。伊丽莎白称他是一个"轻率鲁莽的年轻人"，他对医生提出了无法证明的指控，她很清楚这位可怜的医生是无辜的。她对此非常不满，而且在这件事情中她的名誉岌岌可危。当埃塞克斯满腔愤怒沉默地站着，女王的指责如洪水般涌来，罗伯特爵士满意而温文尔雅地在旁边观望现场的形势。最后，伯爵的争辩被女王用一个强制性的手势打断了,他被打发走了。他马上离开了宫殿,赶回家中,面无表情,对他的仆人置之不理,把自己关在房间里,猛地一下扑在了床上,怒火中烧,因感觉受到了莫大的羞辱而处于极度痛苦之中。整整两天,他一直待在那里,满腔怒火,一句话也不说。最后,他的面容终于浮现出坚定的决心。他的荣誉和女王的荣誉一样都受到了威胁,不管发生什么,他必须证明塞西尔父子的判断是完全错误的,他必须将洛佩斯医生绳之以法。

奇怪的是,尽管女王对此事很愤怒,塞西尔父子也持怀疑态度,但是医生的控告案件仍然在进行。他仍然被囚禁在埃塞克斯府邸。他和其他葡萄牙嫌疑人仍将经历无休止的审问。在过去的黑暗历史中,很多案件充满了对人类徒劳追求正义的讽刺,而现在开始的这个案件便是这些奇怪而可憎的案件之一。人们在过去两个世纪中才逐渐对刑事法学的真正原则有个完整的认识,人们的理解力随着科学的发展而得到提升,包括对证据本质的理解,以及对人类精神习惯中有条理的经验和理智的逐步胜利。没有任何人可以奢求真正的正义,每个人犯错的程度不尽相同,在过去的无数个年代里,人类的正义只不过是被恐惧、愚蠢和迷信所玩弄而已。在伊丽莎白统治下的英格兰,在某些关键的情况下,有一种特别的影响力能够将司法行政变成嘲讽。对于那些被指控犯有重大叛国罪(我们所知的法律中最严重的罪行)的人,是不可能无罪释放的。原因很简单,这不是正不正义的问题,而是权衡利弊的问题。伊丽莎白的生命中承载着国家的整个上层建筑。在她统治的头三十年中，她的死亡将涉及天主教主权的继位。这将不可避免地引起一场彻底的关于政府制度的革命，同时也意味着实际权力持有人的死亡或毁灭。这一事实对英国政治上的敌人来说是显而易见的。通过暗杀女王来达到其目的这一行为的危险性也是真实存在的。谋杀挡路的君主是当时的习惯做法之一。法国的奥兰治亲王威廉和亨利三世两人都被菲利普和天主教徒成功地消灭了。就伊丽莎白而言，她曾经想秘密地想办法将苏格兰女王除掉，这样就可以避免公众对其依法处决时的漫骂，尽管她更多的是敷衍了事。她的无畏使自己更危险。她说，她绝对相信她的爱卿。伊丽莎白非常地平易近人，而且出现在公众面前的时候，随身的保镖也不多。在这种情况下，似乎只有一条路行得通：任何一个决议都必须遵循一个最高原则——保护女王的生命安全。谈论公平都是徒劳的，因为正义本质上就包含不确定，而政府也不能冒险。但是古语中的观点则截然不同：宁可错杀一万，也不可放过一人。引起怀疑本身就是犯罪行为。犯罪的证据一定不能通过逻辑推理和公平公正的缓慢过程来进行细查，他们必须利用多种渠道和方法——间谍、告密人，以及严刑拷问。在那天，被审讯的囚犯不允许寻求任何律师顾问来帮助其对抗刚正不阿的法官和有法定资格的律师。定罪之后便要接受最可怕的惩罚。在伊丽莎白统治下，在叛国罪领域，法治实际上已经被恐怖统治所取代。

收集证据的方法表明，这一体系的残暴和荒谬显而易见。不仅仅一个案件的结构经常是根据政府雇用人员的满口胡言建立起来的，而且绞刑的存在迫使每个证人的言辞都变得反常。酷刑持续在使用,但是,在任何特定情况下,不管是否使用,其后果都是相同的。它所造成的威胁、暗示,使得证人在脑海中唯一想到的就是这些酷刑随时都有可能用在自己的身上,只是程度不同而已,一直以来,都存在着一种致命的强制力混淆真相和谎言,对此谁都无能为力。一个独自待在监狱里的人,突然面对着一群不怀好意、训练有素的审查人,他们不断用一些重要的问题斡旋纠缠,另一方面还要承受随时可能面临的极端身体痛苦带来的恐惧,在这样的情况下得到的证词有多少的可信度? 谁能在他的陈述中分辨出他言论中的真实和恐惧,有哪些话是为了安抚提问者,哪些是由于本能将他人牵涉进去,又有哪些是受到随意的言论驱使以此来避免身首异处?对于这样的证据,只有一件事情最清楚:不管检察官想要什么样的解释,都能得到。政府可以证明一切。它可以轻易地将罪名强加在十名无辜的人身上,它确实也是这么做的,因为没有别的办法可以确定真正的犯罪分子不逃脱,也许犯罪分子真的是其中一个。因此,这也是为什么伊丽莎白能够毫发无损地活到现在。也正因为如此,如果没有沃尔辛厄姆这个间谍,没有伦敦塔潮湿的牢房,以及在痛苦的呐喊声中,老练的审问者冷静地对嫌疑人的回答所做的记录,就没有伊丽莎白时代的辉煌荣耀。

当然,这是体制中的一个基本特征,那些为体制工作的人本就不该意识到它隐含的意义。人们认为酷刑尽管残酷,但是确实是必要的,在某些情况下,通过酷刑所获得的证据的价值可能会受到怀疑,但是这个过程作为司法程序的一部分,没有人可以凭空臆想它就一定没有任何价值。那个时代最明智和最有能力的人,一个是培根,一个是沃尔辛厄姆。完全无法意识到,表面看上去是他们收集的证据在强迫他们追查,但事实上只不过是他们自己操纵政府机构产生结果,法官以及囚犯都只是体制的受害者。

洛佩斯医生就是个典型的案例。在司法系统的压力之下,人们在追溯的过程之中产生的怀疑、恐惧和先入为主的理论逐渐融合组成一个确定的事实,而这一所谓事实,实际上毫无根据。埃塞克斯是一位诚实的年轻贵族,他原本可以出于恐惧,拒绝为达到政治目的而将无辜的人置于死地。但他的意念不够坚定。他怀疑塞西尔父子,怀疑西班牙,他认为真实的情况是,洛佩斯医生身上总感觉有点不对劲。女王对他的远见卓识所流露出来的不屑一顾是最后的诱因:他内心坚持自己是对的,尽管所有人都怀疑他不把事情调查个水落石出,是不会善罢甘休的。很显然,想要办到只有一种办法:必须对葡萄牙人进行交叉审查,直到逼迫他们把真相说出来。对于洛佩斯本人,他已经黔驴技穷了,但是还有费雷拉和蒂诺科,他们已经表现得更顺从。他们依次地在不同的单人牢房中不停地被审问。每个人都做了充分的准备,为了开脱自己的罪名,牵连其他人,当他们被进一步逼问的时候,便宣称洛佩斯医生就是整个阴谋的关键人物。但是,是什么阴谋?如果说这只是针对唐·安东尼奥,为什么会有这么神秘的计划?但是如果是针对其他人的呢?如果……?揭开这一谜团并不需要什么天才的思维。只需要说明情况,然后解决的办法便会自然地映入脑海中。西班牙——阴谋——皇室医生：这样一系列互相关联的事物就已经足够了。这是菲利普国王暗杀英格兰女王的又一尝试。

一旦完成了这一步，下一步便自然而然地随之而来。审问者心中的信念成了被审问者口中的供词。在他审问中的某个时候，费雷拉声称洛佩斯医生曾经写信给西班牙国王，他表示愿意为国王做任何事情。然后，国王问他："如果我有需要，你会不会毒害女王？"费雷拉说洛佩斯医生的回答是肯定的。然后，他被迫非常详细地说明这一无稽之谈，对蒂诺科的审问过程也是一样的，结果也相同。之后，这一无稽之谈很快就变成了事实。"我发现，"埃塞克斯在给安东尼·培根的信中写道，"这是一场非常危险而且孤注一掷的叛国阴谋。这场阴谋的目的在于置女王于死地。凶手本应该是洛佩斯医生，以投毒的方式进行。我已经开始追查此事，我定会把它查个水落石出。"

这位医生时运不济。控诉他的案件建立在一个复杂的基础之上，证据来自两个流氓费雷拉和蒂诺科在绞架的恐惧逼供之下做的伪证、大量编造出来的道听途说的流言、多年以前的对话回忆以及从未书写过的信件。如果不是遇到不幸的情况，就塞西尔父子的亲西班牙和反埃塞克斯的偏见而言，他本应该能足够敏锐地看透这些东西。在诉讼早期，费雷拉曾经提到一位葡萄牙间谍安德拉达的名字，他声称他被洛佩斯派往西班牙安排谋杀唐·安东尼奥。伯利勋爵对安德拉达非常了解。在他提到的这个时期，这个人确实去过西班牙且行迹非常可疑。伯格利坚信，当他在名义上为唐·安东尼奥效力的时候，他就已经被西班牙当局收买了。他现在在布鲁塞尔，如果事实真的是他和洛佩斯之间有秘密的联系，那么关于这位医生的一些毁灭性活动的事实也必将浮出水面。随着审问的进行，安德拉达的名字出现得越来越频繁。他似乎是西班牙宫廷和佛兰德斯凶手之间的主要联络人。蒂诺科重复着，或者说打算重复，安德拉达对马德里之行的长篇大论：菲利普国王拥抱了他，并告诉他代他拥抱洛佩斯医生，他给了他一颗钻石和红宝石戒指，同样也转交给洛佩斯医生。所有这一切可信吗？关于这一切，有人告诉了伊丽莎白，她记得，三年前，医生给了她一颗钻石和红宝石戒指，她没有接受。医生现在再次被逼问一些尖锐的问题。他用恶毒的誓言和诅咒对此否认，他对这件事一无所知。但是最终就戒指一事进行交叉审问的时候，他改变了口气。他承认他的确秘密参与了安德拉达的西班牙之行。但他补充说，对于那次访问的动机与之前审案人提出来的动机完全不同。安德拉达一直受雇于沃尔辛厄姆。他以和平谈判的借口被送到马德里，目的是窥探西班牙宫廷的形势。受沃尔辛厄姆的特殊请求，这位医生同意使用他的名字使整个行动更加可信。然后，安德拉达就打着洛佩斯的旗号去见菲利普了，为的是向他表明洛佩斯渴望和平而且在女王面前很有影响力。事实上，这位说谎者自己也被欺骗了。这个阴谋奏效了，菲利普上钩了，他的戒指并没有打算送给这位医生，而是打算送给伊丽莎白。沃尔辛厄姆对一切都一清二楚，甚至可以证实每一个细节。塞西尔父子认为安德拉达被西班牙人收买是难以置信的。这不可能。医生的故事设计得很巧妙，太巧妙了。很显然，整件事情取决于一件事情，即沃尔辛厄姆的佐证。然而沃尔辛厄姆死了。

令人好奇而又讽刺的是，正是最终导致塞西尔父子放弃洛佩斯的那桩事件为后世提供了证明洛佩斯清白的机会。在西班牙的档案中已经发现了相关文件，证明他的故事大体上是真实的。安德拉达确实以和平为借口访问了马德里。他不能亲自会见菲利普，因此皇室拥抱的故事是编造的。但钻石和红宝石戒指确实是由西班牙国务卿交给了这个间谍。讨论除和平以外的其他事情，这也是真实的。当时商定，洛佩斯医生应该尽力让唐·安东尼奥入狱，或让他从英格兰流亡，还有一点暗示，最好把唐·安东尼奥毒害，但是根本没有提出任何可能指向谋杀伊丽莎白的建议。不过事实上，洛佩斯并不知道西班牙人没有受骗。他们看穿了沃尔辛厄姆的诡计，他们决定让他搬起石头砸自己的脚。他们用黄金作为诱惑说服了安德拉达，于是安德拉达成了双重间谍。他同意返回英格兰，并在名义上进行和平谈判，但是事实上，是利用他的身份向马德里提供有关英格兰国情的内幕信息。沃尔辛厄姆的死亡破坏了整个计划。安德拉达无法解释他的行为，伯利勋爵相信他被西班牙收买了。事实上，他确实是被收买了，但这并不能证明洛佩斯犯罪，因为要是沃尔辛厄姆可以再复活两分钟，一切也就能解释了。

当塞西尔父子接受埃塞克斯的观点时，医生的厄运便成了定局。在他老年舒适而富足的生活中，他无法应付突然降临的苦难。他被关在埃塞克斯府邸之中，倍感羞辱、烦恼、害怕，当他的抵抗被攻破,他便完全失去了理智。他一会儿狂热地说自己对这些事情毫无所知,一会儿又狂野地揭露一些复杂的不可能实现的阴谋。毫无疑问,他的良心不安。他给费雷拉的秘密便条便表明了这一点。看起来他非常有可能卷入了摧毁唐·安东尼奥的阴谋之中,很有可能他真的已经准备为答谢西班牙人给他的巨额贿赂而对唐·安东尼奥下毒手。至于他对女王的谋杀,不仅支撑此类意图的证据不足,而且这样的计划从表面上来看根本无法实施。如果真的置伊丽莎白于死地,他又能得到什么呢?最多也不过是可怜兮兮地从菲利普那得到一些微薄的收入。而他会失去一切——他的地位,他的收入,皇室的青睐,更不必说他还得承担被发现的风险。能想到这样的事情一定是疯了,但是围绕在他身边的那些愤怒的逼供人却没有想到这些。他们一心想着逼迫他认罪来结束这个案件。只要让他稍微尝尝绞架的滋味,离他认罪也就不远了。但是这样结案就太草率了,真正的高明在于不用刑,甚至不对其进行公开威胁,而只需要一个眼神,也许一个姿势,或是一阵重要的沉默,便能够从罪犯嘴里套出想要的话。他不断地被逼问是否答应西班牙人谋杀女王,医生在忍受了几个星期的焦虑之后突然崩溃了,然后承认了自己的罪行。那就够了。事实上,双方的实力悬殊。一方面是安东尼·培根、弗朗西斯·培根、伯利勋爵、罗伯特·塞西尔爵士和埃塞克斯伯爵;另一方面则是高龄的葡萄牙裔犹太人。也许知识分子和政界人士都可以理解。但是埃塞克斯!这样一位慷慨强壮且具有男子气概的人,真的有可能没有意识到他现在所做的,至少可以这么说,是不公平的。几年后，当西班牙不再是一大困扰，他对洛佩斯医生的敌意似乎只能以一些暴力的个人怨恨为由进行解释。但实际上这样的解释是不必要的。伯爵的思想超越了人格，但并没有超越激烈的政治竞争、人类正义的残酷旧习和高尚的爱国主义精神。

他们接着便迎来了审判。通过控诉医生的罪行，费雷拉和蒂诺科还远远不能够自保，他们都被告发了，被当成是他身边犯罪的同谋。蒂诺科徒劳地恳求保护他的安全通行权，律师郑重地在这一点上辩论着，最终决定被驳回。三人均被判为叛国分子，处以死刑。这在社会上引起了异常的骚动。正如埃塞克斯所预见的那样，原本对西班牙慢慢减弱的仇恨，在全国各地再次席卷而来。洛佩斯医生成为外国叛徒的典型，他的恶行在民谣中吟唱，他的名字在剧院的舞台上被诅咒。身为一个犹太人，只不过是命运的偶然，却要遭受如此罪恶，使得自己在人人深恶痛绝的西班牙阴谋中被越描越黑。现代批评家在他身上看到了几年后出现在舞台上的夏洛克的原型，但这样的猜测是离谱的。事实上，如果莎士比亚真的曾认为洛佩斯医生与夏洛克有关，那肯定是因为他与《威尼斯商人》中这个重要角色的差异性，而非相似性。这两个人物是对立的。夏洛克整个的本质在于他异乎寻常的、悲剧性的希伯来风格，但洛佩斯医生却是被欧洲化、基督教化了的一个微不足道的可怜人，他自身的毁灭绝不是因为他反对身边的异教徒，而是因为他自己不幸地牵扯进了其中。然而，或许我们可以想像一下，假设莎士比亚在他的悲剧中塑造这个威尼斯无赖的时候，借着一个黄段子，暗示另一场关于皇室医生的悲剧也许是空穴来风的。在戏剧中波西娅对巴萨尼奥说："是的，但是我怕你上绞刑架的时候，就什么都说出来了，你知道人在被逼迫的时候可是什么都干得出来。"

这位神圣的诗人就在这些随意的话语中巧妙地展示了自己的智慧和同情。

在女王发令行刑之前，她甚至比平时更犹豫。很有可能，她正等待着西班牙当局或佛兰德斯的某些证实或否认。也有可能，尽管现收集的证据已经证明了医生的罪行，但是在她的脑海中挥之不去的直觉告诉她，他是无辜的。四个月过去了，她才批准按法律正常执行。批准之后，已经是一五九四年六月了，这三个人被绑在了囚车中，被拖到了霍尔本，经过洛佩斯医生的家，到了泰伯恩行刑场。大量的人群聚集在现场围观。站在绞刑台上的医生试图发表一个临终前的演讲，但也只是徒劳。躁动的人群太过愤怒，也太过兴奋，根本无法安静下来，他们大声地嚎叫着，在咆哮声中，人们听到这个犹太人郑重声明相比耶稣而言，他更喜欢他的情妇，然后其他的就没有听到了，接着这个老人被簇拥着走向绞刑架。根据当时法律的例行程序，对他执行绞刑，当他还有生命气息的时候，再割断绳索让他下来。接着再执行其他那些由来已久的刑罚：阉割、开膛破肚以及车裂。费雷拉是下一个受刑之人，再接着就轮到蒂诺科了。他已经看到了他的命运，同样的结局上演了两次，并且在足够近的距离观看的。他的耳朵里充满了他同伴的尖叫声和呻吟声，他的眼睛记录下了身体扭动和鲜血迸溅的每一个细节。所以他的冒险最终还是结束了。然而，还没有真正结束,由于蒂科诺的绳索割断得太早了……在绞刑之后,他便站了起来。他很强壮,又处于绝境中,于是他猛然倒在了他的刽子手身上。人群变得狂热而兴奋,人们对着这个刚毅的外国人欢呼着,冲破了警卫的界限,而且围成了一个圈,围观这场对决。但是,不久之后,法律和秩序的力量重新控制住了现场。两名彪形大汉紧随其后,看到刽子手正处于不利状态,立马冲上去救他。蒂科诺头部受到重创,一拳被撂倒在地,他被牢牢地固定在了绞刑架上,像其他人一样,被阉割,开膛破肚和车裂。

伊丽莎白对医生的遗孀还是很仁慈的。本来按照法律她已经被剥夺了公民权,但是女王还是允许她保留死者的全部私有财产,除了一件东西她不能拥有,她拿走了菲利普国王的戒指。她把戒指戴在了自己的手上,谁知道是出于什么具有讽刺意味的同情?直到她死了,戒指仍然在。

第七章

西班牙问题越来越尖锐。没有硝烟的战争可能恰恰符合伊丽莎白的脾气,但对埃塞克斯而言,这似乎是一个耻辱,而法国的亨利也同样心怀不满,他的北部边境有西班牙人逼近,在他的领区之中,又有天主教联盟步步紧逼。法国国王和英国贵族形成一个令人好奇的联合。他们的共同目标是推动伊丽莎白与法国结盟,这将涉及英格兰能否积极参与到对抗西班牙的斗争中。如同一只海燕,安东尼奥·佩雷斯在他们之间飞前飞后,团结和鼓动着双方的力量,对于他来说,对菲利普国王疯狂的仇恨是让他活下去的唯一理由。

几年前,佩雷斯在最疯狂的情况下逃离了西班牙。作为菲利普的国务卿,他就一项谋杀案和他的主人争吵,然后在家乡萨拉戈萨避难,在国王的唆使下,他又被宗教裁判所扣押。他的命运似乎已成定局。但意想不到的力量前来拯救他,于是佩雷斯在历史上是一个曾经落入宗教法庭的魔爪却全身而退的人。对他的指控确实是非常严重的。他在地牢中被怒火冲昏了头脑,于是这位误入歧途的国务卿胡言乱语,不但侮辱了国王,而且侮辱了上帝。"上帝睡着了!上帝睡着了!"他大声地说出来,他的话已经被别人听到而且记下来了。官方报道称:"这种说法是邪恶的,就好像说得上帝不关心人类一样,但《圣经》和教会明确说明他是在乎的。"这已经够糟糕了,但更糟糕的还在后面。那个不法之徒说:"如果是父神让国王对我如此不义,我会把父神的鼻子给拔了!"官方报告称:"这句话是亵渎的,不道德的,是对虔诚的人的耳朵的一种冒犯,而且有异端邪说的味道,他们相信上帝也是肉身,和人类一样。当然,这并不能拿基督有鼻子这个借口来进行辩解,因为这些话说的是三位一体中的圣父。"这种亵渎神灵的话显然需要处以火刑,但是就在准备行刑的时候,萨拉戈萨人民突然武装起义。国王和宗教法庭都声称,阿拉贡自治区[①]的古老自由,它的管辖权遭到了侵犯。他们攻入监狱,把皇家总督殴打至死,并把佩雷斯放走,让其逃到法国。但是事实证明,要维护它的安全,萨拉戈萨要付出昂贵的代价。不久之后,国王的军队便出现在现场,阿拉贡自治区自古以来的自由最终被剥夺,而七十九个民众在市场上被活活烧死,仪式从早上八点开始,到晚上九点钟结束,火炬光照亮了黑夜。

这一事件中的异端英雄,作为一个密谋者,过上了流亡的生活。他显然是一个无赖,但是不管怎样,他也是个可能不知道在

[①] 阿拉贡自治区:(Aragon)地处西班牙东北部,有 136 千米边界与法国接壤,由韦斯卡(Huesca)、萨拉戈萨(Zaragoza)和特鲁埃尔(Teruel)三省组成。

哪一刻就能派上用场的无赖，在这个基础上，他赢得了埃塞克斯和亨利的恩典。他很活跃而且肆无忌惮，他知道很多关于西班牙国王极其不光彩的故事，而且他非常擅长写辞藻华丽的拉丁文书信体，这特别符合那一代达官显贵的胃口。用其博学的对比法和优雅的古典典故来精心策划阴谋，改变政局，主导欧洲的命运该是多么愉快的一件事！

当认为在埃塞克斯府邸召开秘密会议的时机已经成熟时，伯爵便写了一封信给佩雷斯，这暗示着，如果亨利真的希望和伊丽莎白联盟，他最好的办法就是佯装要和西班牙建立和平关系以此来威胁伊丽莎白。如果朱诺代表着法国，菲利浦是地狱之王，那结论难道还不明确吗？谁能无知到如此地步，竟然不知道当朱诺多次寻求帮助却徒劳而返时，最终说出的"如果我不能成功，我将转向地狱"这句话的意思呢？"但是，沉默吧，我的笔！沉默吧，安东尼奥！对于我来说，我已经读了太多的诗了。"

佩雷斯立刻把信给亨利看，他很快便知道了信件内容的大意。接受英格兰朋友的建议后，他派出了一名特使去觐见伊丽莎白，并指示他转告她，他已经从西班牙那里获得了和平的优厚条件，并且倾向于接受。伊丽莎白显然对这种情报无动于衷。她给亨利写了一封告诫信，表示她没有能力给他提供进一步的帮助。但是她私下里其实非常不安，不久后便派遣了一位特使到达法国，负责调查法国对和平的真正意向。

这位特使是亨利·恩顿爵士，是同时效忠于政府和埃塞克斯府邸之间的出色的大使之一。他带着伊丽莎白和安东尼·培根的指令去了法国。在一封信件中给恩顿做了详细吩咐，让他去通知法国国王务必坚定，还告诉他耍些招数让亨利在公开场合以冷淡的态度接待他，"并且让他写几封震撼的信件给我们，信件的内容中要表现出是他迫使我们提出主张，提供条件。"恩顿真的像他说的那样去做了，于是，这封震撼的信件如期而至。同时，佩雷斯接到命令要给伯爵写"一封可以向别人展示的信，在信中，他应该说，恩顿的派出使得所有的事情都比以前要糟糕。"佩雷斯也是绝对服从。他用精心斟酌的拉丁语寄出了一封信，关于亨利对和平支持的决心，又补充道，他自己不能理解英国政府的政策，但是也许其中还有些秘密没有揭开吧——"国君的计划是深不见底的深渊。"

完全正确。所有的信件都要给女王过目，她对佩雷斯的拉丁语文采特别喜爱，所以更要仔细阅读。但是，这个非凡的阴谋的结果根本让人意想不到。也许伊丽莎白已经感到事情不妙。不过尽管如此，她还是冷静地写信给亨利，说她已经准备好军队和金钱来帮助他对抗西班牙。只有一个条件：加莱镇应该由她来控制。亨利并没有接受这个诱人的建议。"被狗咬伤或者被猫抓伤对我而言都一样。"愤怒的贝亚恩高喊道。但是在几个星期后，他发现他说的比他想象的还要正确。一支西班牙军队从佛兰德斯向前推进，将加莱镇包围起来，接着便冲破了该镇的堡垒。"在格林威治的皇宫里可以清晰地听见围攻处咆哮的枪声。"卡姆登这样告诉我们。

伊丽莎白不喜欢这样。不仅噪音令人不安，而且西班牙人在港口控制着狭隘的海域会给其带来巨大的不便。接下来传来的消息是，加莱镇已经沦陷了，但是要塞还在奋力抵抗。现在挽救还有一线生机，在埃塞克斯的指挥下，征兵急匆匆地在伦敦开始，士兵被全速派遣到多佛。如果幸运，法国人可能会得到救援，整个情况就能得到缓解。但伊丽莎白突然想到，如果幸运的话，法国人可能会拯救他们自己，无论如何，整件事情的代价太大了。因此，当部队已经在船上时，一位信使飞奔到海边，带着女王的一封要求撤回这支远征军的信。埃塞克斯极力地咆哮着，像平常那样竭力向女王请求，但是，当信使们在多佛和伦敦之间来回跑传信的时候，西班牙人已经占领了要塞（一五九六年四月十四日）。

即使是对于犹豫不决的伊丽莎白来说，这也是难以承受的。她无法再欺骗自己，在这种情况下，无论如何她都失败了。她制定政策的一贯作风——完美地拒绝，现在已经行不通了。事实上，真的发生了一些变故。她非常生气，但是慢慢地她自己也被迫采取一些必要的行动。她第一次开始认真听取主战派的意见。

有两种攻击的可能性。一方面，可以派遣一支真正有作战能力的军队到法国，这支军队足够强大，可以帮助亨利击退西班牙人。这是佩雷斯在布永公爵的陪同下，火速穿越海峡，利用他的雄辩口才劝谏伊丽莎白的办法。但是当使者到达时，他们惊讶地发现英格兰的风向已经改变了。另一个计划正在筹划中。几个月来，一场叛乱在爱尔兰酝酿着，我们有理由相信菲利普正忙着装备好一支远征军为他天主教的朋友提供救助。现在有人提议先发制人，通过对西班牙进行海上攻击来防止他的进攻。埃塞克斯突然间也支持这个计划。他对亨利和佩雷斯不屑一顾，还逼迫女王把强大的军队派往加的斯而非加莱。伊丽莎白同意了。她任命埃塞克斯伯爵和海军上将霍华德·埃芬汉共同指挥这支军队。在加莱沦陷的两周之内，伯爵在普利茅斯如火如荼地召集一支军队和一支舰队。

伊丽莎白同意了。但是，当埃塞克斯不在的时候，佩雷斯的建议听起来很悦耳。她再一次动摇了。毕竟，帮助法国国王会是个明智的选择，而且可以肯定的是，把一支舰队派去踏上一场未可知的远征是很危险的，况且这支舰队是她抵御西班牙侵略的中坚力量。当女王犹豫不决的消息传到埃塞克斯的耳朵里的时候，他勃然大怒。他太了解女王的脾气了。他写道："女王阻挠我们的行动没有别的原因，只是因为我们要出发了。如果这支军队要去法国，那么她照样要担心我们在法国的情况，就像她担心这场原本计划好的行程一样。我现在算是明白了，我从一开始就不应该对她唯命是从，而应该反对她。"他绞尽了脑汁让她同意这场远征，他接着说道，如果现在失败了，那么他发誓他"还不如当个僧侣痛快"。

显然，局势一触即发。接下来传来消息称一支攻守联盟已经与法国达成协议。而几天后，女王写了一封信给在普利茅斯的两名将军，似乎预示着另一个政策的改变。他们奉命把远征军交给一些下一级的军官指挥，然后他们自己要回去觐见女王。"他们对于她来说太珍贵了，因此她不能让他们这些如此重要之人就这么去了"，整个皇宫在蠢蠢欲动。随着决策这一重要时刻的步步逼近，伊丽莎白的头脑就像四方陀螺一样天旋地转。她满腔愤怒。她大声呵斥埃塞克斯，她说，就是他在逼着她做这些违背她意愿的事情。一些年龄大的侍臣非常恐惧，而伯利勋爵紧张到用颤抖的声音为女王辩论，还添加了一些庄重的警句，试图抚慰她，但是依然无济于事。沃尔特·雷利的再度出现使得事态变得更加复杂。他从圭亚那地区回来，比以往任何时候都更生机勃勃、令人敬畏，他带着无数的财富和冒险的故事归来，并且已经得到了女王的宽恕。是否有可能召回埃塞克斯和霍华德之后会任命雷利为最高统领呢？但是远征本身，即使是得到了批准，不管是谁指挥，可能永远不会启程，因为一路的准备工作所面临的困难是巨大的，包括人力、资金、弹药的短缺，这支军队似乎只有在为时已晚的时候才能准备就绪。统治者思绪很混乱，任何事情都有可能发生，接着，一下子迷雾就散开了，确定的场面出现了。正如伊丽莎白所习惯的那样，在长时间受到严峻形势的打击以及令人难以置信的一脑子疑虑的折磨之后，才发现自己要坚定地扎根在陆地上。远征军即将要出发。埃塞克斯和霍华德恢复了原职，而雷利则附属于他俩部下，担任高级指挥官。英格兰新的政策走向以一种不寻常的方式发出了信号——通过安东尼奥·佩雷斯的没落。宫廷已经容不下这个可怜的男人，他无法参与到与法国谈判的最终阶段，塞西尔父子不想理他，他只好绝望地向安东尼·培根寻求庇护，然而安东尼·培根也仅仅是对他客气而已。他一生策划过无数的阴谋，而今天他自己在别人的阴谋中垮台。回到法国之后,他再次受到冷落还有轻微的敌意。他的意志不断减弱,精神状态衰退,然后一蹶不振。几年以后,被岁月和贫穷折磨得疲惫不堪,他在巴黎的一所楼阁中离开了人世,宗教法庭很有可能觉得这个敌人虽然没有遭到报复,却也毕竟遭受了这么多折磨。

埃塞克斯在普利茅斯正处于焦虑不安的时候,收到了来自弗朗西斯·培根的一封信。掌玺大臣帕克雷已经去世了,上诉法院民事审判庭首席法官埃杰顿被任命继承其位。而现在,培根渴望得到埃杰顿原来的位置。他写信要求伯爵的调停,他的请求立马就被许可了。虽然被军队组织中的劳工逼迫和骚扰,为女王的意图所困扰,还要为他自己的位置忧虑,但埃塞克斯还是腾出了时间和精力,写了三封信给监狱的三位负责人,用老练真诚的文字,为他朋友的赔偿问题对其施加压力。弗朗西斯真的是知恩图报。他写道:"阁下,您对我一直以来的关照对我产生了重要影响:这使得我一直孜孜不倦、意志高昂地寻找自身的价值所在,同样我也愿意为您争得荣誉,为您效劳。"但是,他补充道:"我是否能实现我所做的誓言,只能靠全能的上帝决定了。"

由于远征军的出发而导致的所有混乱中,最令人不安的是两位指挥官的对抗——埃塞克斯和霍华德爵士争执不下。他们把所有的事情都搞砸了,从对于敌人陆军和海军的主张到他们自己谁应该拥有领导权的问题。霍华德是海军上将,但埃塞克斯是伯爵,谁的级别更高呢?当给女王的一封联名书信需要他们签名时,埃塞克斯一手抓住钢笔,把他的名字写在了顶端,所以霍华德不得不签在他的名字下面。但是他在等待时机，等到他的对手转过身，然后，他就用一把削笔刀，把那烦人的签名给裁剪了。在这种奇怪的情况下，这封信件送到了伊丽莎白手里。

最终，万事俱备，是时候说再见了。而女王则在自己的房间里，忙着写告别信。写好之后给了富尔克·格雷维尔，他骑着马把最后这几封信带到普利茅斯再交给埃塞克斯。其中一封非常庄严和私密的信件是女王写给将军的："我已经祈求上帝，当所有的伤害降临到你身边，他将用他那仁慈的双手为你遮挡，而你将分享他所有的好运，希望你归来之时成为一个更好的你，让我得到慰藉。"还有一个来自罗伯特·塞西尔的友好便笺，上面写着最后一条来自伊丽莎白的好消息。"女王说，因为你贫穷，她给你寄了五先令。"此外，还需要集结军队大声在其面前朗读女王的祈祷文，祈祷远征军凯旋。"请求万众全能的领导者！愿您能够洞察人的内心深处的思想和自负，看见所有行动真正的动机……您点燃了我们的斗志，我们双膝下跪，谦逊地恳求您保佑这次任务顺利完成，在前行的路上指引我们方向，让我们尽早凯旋，以最少的伤亡赢得声望和国家的稳定。上帝啊，请一定要保佑那些虔诚的信徒！阿门。"

很显然，将这种既带有奉承又蕴含华丽的自信语言从统治者的口中说出来，传递给其他人，正是我们所需要的。无论如何，这次远征都取得了圆满成功。其背后的目的隐藏得很好，有一天，大概是一五九六年六月底，英国的军队突然出现在加的斯湾。在第一时刻，一个判断不当的决定很可能会导致一场灾难的发生。指挥官下令在陆地上进行一次冒险的袭击。雷利大费周折才说服他们改变计划，转而在海上进行攻击。之后，一切都进行得很顺利。"前进！前进！"埃塞克斯大喊道。当船驶向港湾的时候，他把他的帽子丢向了大海。只花了十四个小时，一切便结束了。西班牙舰队被摧毁，整个镇上所有的军队和财富都掌握在英国人手中。西班牙人完全处于混乱之中，惊慌失措，做出各种愚蠢的行为。由于一个偶然的机会，麦地那·西多尼亚公爵成了安大卢西亚①总督。就好像是让西班牙无敌舰队毁灭这个惩罚还不够，现在还为他预留了一次机会亲自看着西班牙这座曾经最繁华的城市灭亡。他急匆匆地赶往现场，恼怒而绝望地绞拧双手。"真是太丢人了，"他给菲利普国王写道，"我早就跟陛下说过了，派人力和金钱来支援我是十分必要的，但是我却没有得到任何的答复。所以，我现在是黔驴技穷，束手无措。"而情况也确实如此。西印度舰队上有五十名商人，载有价值八百万克朗的宝藏，船已经开往了内部的一个港口之中，无助而迷茫地等待着自己的命运。埃塞克斯已下令将其扣押，但是下属却对命令置之不理，而不悦的公爵明白必须立即采取一定的措施。他立即发出命令，整个舰队都点起了大火，七年来的第一次，在麦地那·西多尼亚的脸上浮现了一个浅浅的笑容。最后，火光四起，在那令人难以忍受的巨大的毁灭之中，他在敌人面前占了上风。

---

① 安大卢西亚：西班牙最南的历史地理区，也是西班牙南部一个富饶的自治区。西班牙语写作 Andalucía.

雷利获得了这场海战胜利的荣耀,而埃塞克斯则是陆地的英雄。他将这场袭击引入了市内,他的气魄和勇敢都在战争中完美地展现出来,当战争胜利的时候,他的人道主义精神使得其迅速地结束了当时过度的放纵行为,而这一举动在当时的情况下原本是很正常的。牧师和教堂幸免于难,三千多名修女以最高的礼遇被转往大陆。西班牙人自己则对这个具有骑士精神的异教徒将军感到喜出望外。"多么可贵啊!"菲利普说道,"那个异教徒真是不寻常。"海军上将也是非常地钦佩。"我向你保证,"他给伯利勋爵的信中写道,"这个世界上没有哪个人比伯爵更勇敢。根据我自己的判断,他是一名伟大的军事家,因为他的所作所为条理清晰,纪律严明。"

英格兰人已经占领加的斯两周了。埃塞克斯提议:他们应该加强对这个镇的防守,而且一直待在那里,直到女王满意为止。当这一提议被军事参议院否决的时候,他又建议向西班牙的内部直接进军。然而,这个提议也被否决了,于是他极力主张舰队出海,等待着西印度那艘载满宝贝的航船归来,然后将这大批的战利品带回祖国。又一次,没有人支持他的建议。

最终他们决定立即返回英格兰。但向加的斯的居民提出了巨大数额的赎金,这座城镇变得支离破碎,满目疮痍,英格兰人却扬帆起航满载而归。当他们沿着葡萄牙的海岸返航时,他们无法抗拒诱惑,于是在不幸的法鲁镇发起了袭击,大肆抢夺,其中还包括一个意料之外的收获——一座无价的毕晓普·杰罗姆·奥索鲁斯图书馆。多到如此不可思议的藏书让身为文学爱好者的将军兴奋不已，于是他把这座图书馆作为战利品保留起来，也许之后他再没对其瞥过一眼。也许当他胜利地航行到英格兰，他固执的想法又会意想不到地让他自己的心情完全变成另外一种。远离所有的一切——永远地远离！远离荣誉和挣扎，义无反顾地逃离，回到自己的家乡，仍然做查理庄园的男孩，享受那长期没有纷扰而宁静的独处时光，拥有一份恬然自得的心境，还能够无忧无虑追求自己的梦想！他写下了几行字，回忆和预感一同袭来，这简单的字眼却勾起了一种奇怪的感伤：

> 如若他能完成自己的使命
> 那必然是值得高兴的
> 在某个沙漠处女地
> 一个对整个世界都未知的地方
> 不懂世俗的爱和恨
> 在那里他应该可以安眠
> 然后再次醒来，向上帝祈祷
> 以野蔷薇果、山楂和糙莓为食
> 在沉思中感受岁月的流逝
> 和那神圣思维的转变所带来的欢乐
> 他死之后，他的坟墓可能长满杂草
> 友善的知更鸟和画眉鸟在此栖息
> 他将会很开心！

第八章

在埃塞克斯从加的斯航行回来的同一天,英格兰发生了一件重大事件:伊丽莎白任命罗伯特·塞西尔为她名副其实的国务大臣。他已经担任要职好几年了,没有必要一直停留在相同的岗位上。女王也很不确定,她说这个安排只是临时的,这个位置还有其他的候选人,其中包括托马斯·博德利。对此人,埃塞克斯像往常一样极力地推荐他,然而,这次的努力再一次以失败告终。现在,对于塞西尔来说,这个职位是十拿九稳了,所有外部的声望和内部的影响力都永远掌握在他手里了。

他坐在桌子前写作,他的气质友好而庄重。他面相温文尔雅,还有某种不可言喻的温和感染力,当他说话的时候,这种气质便在他精湛的演讲艺术和口才中变得鲜活而有意义。他总是表现出一种温和的理智,或者说看起来是这样的,直到他从椅子上起身,站立,然后意想不到地露出那发育不良,令人不适的畸形身体。于是,人们产生了另外一种想法,一个难解之谜所带来的局促不安:那个美丽而轮廓分明的面孔与那个羞耻的扭曲姿势相结合是否预示着什么？他回到了桌上，然后再一次拿起他的羽管笔，一切再一次变得明明白白，宁静祥和。然而责任也同样无处不在，比如要在不慌不忙中勤勤恳恳地写作，整齐有序地整理写好的稿纸，长时间高效地辛苦工作。作为一个伟大的工作者，一位天生的管理者，一个有思想会写作的男人，他在周围人，包括满腔热情的埃塞克斯和雷利，鲁莽和紧张的小臣，以及突然间喋喋不休的伊丽莎白，对他强烈的干扰中仍然处事不惊。当他在工作的时候，他内心的精神气魄在等待和注视着。他那双有洞察力的双眼很可能在那耐心的脸庞上发现悲伤和屈从。这个世界的无能和残酷没有让他变得愤世嫉俗，却让他很难过，毕竟他对此还没能做到置身事外，难道他本身就不是这个世界的生物吗？他只能做很少、非常少的事情来改善情况，以他全部的能力和智慧，除了埋头写作、观察、等待之外，别无选择。还有什么其他的事情是可做的？事实上，又有什么其他的事情是可行的，做了而不会当成是精神不正常？他非常密切地注视着埃塞克斯的事业。然而有时候，有些事只有很小的可能性，或者可能永远都不能实现，又或许以一种非常不同的方式，还是可以做出一番事业。在危机时刻，可以做出一种微弱的，几乎感受不到的推动力。这种推动力什么也不是，只是一个人坐在办公桌上做出的一种瞒天过海的触动——用脚而非用手不断地写作。推动的人可能从来没有意识到自己拥有这种推动力，然而不正是在这样的细微之间，这些看不见的变化永恒地主宰着这个世界，孕育出伟大的人才吗？

　　从大体来讲，这可能就是这个谜团的线索。但是从它本身的复杂性质来看，我们也无从得知谜团解决方案的全部详情。我们只能看到以这种温文尔雅的明朗方式所表现出来的事实——尽其毕生的精力为国效力，最终幸运地完成了一项伟大的事业，同时得到了英格兰的高级封号——索尔斯伯里伯爵。很多事情都一清二楚。但是它们不再向我们展示更多，也从来没有人能得知更多。那些少量的导致巨大后果的极其机密的行动我们也无从知晓。如果够幸运，我们能够时不时地瞥见几眼。但是重点在于，我们只能够费解地揣测在暗地里到底发生了什么。

索尔斯伯利伯爵　罗伯特·塞西尔

　　埃塞克斯带着荣耀凯旋。此刻，他就是英雄。他已经给了他们憎恶的敌人毁灭性的一击，人们都夸这位年轻伯爵勇敢无畏，具有骑士精神和传奇色彩，这次的胜利也是众望所归。年纪稍大的海军上将在这场战役中并没有发挥很大的作用，如果在关键时刻没有采取雷利的建议，这次的远征是否就会以失败告终也不得而知。事实上，在整个英格兰，有一个人对于埃塞克斯的凯旋丝毫没有热情，这个人就是女王。女王接下来的行动从来没有像现在一样表现得如此明显。她没有欢呼雀跃地欢迎她的爱将胜利归来，相反，她对他表现出了强烈的愤怒。已经发生的一些事情让她很恼火，而且真的触及了她最敏感的部分，那就是钱的问题。她已经为这次的远征拨出了五万英镑，但是她又得到了什么呢？很显然，什么也没有得到，而且他还需要更多的钱来支付船员的工资。她说，她早就料到了是这种情况，一切都在她的预料之中。她从一开始就知道每个人都会在这场交易中大赚一笔，除了她自己。她极其不情愿地又拿出了两千英镑，以解决那些可怜的船员的温饱问题。但是她不会白白给这么多钱的，埃塞克斯要知道，他应该对此负责。很显然大量的消息泄露出来。西班牙人承认他们损失了几百万，而官方估计此次远征带回英国的战利品价值则少于一万三千英镑。民间谣言四起，议论突然间出现在伦敦的珍珠项链、黄金链条、黄金戒指和黄金纽扣、方糖、桶装水银、绫罗锦缎，以及葡萄牙的葡萄酒上。会议中也存在诸多争议。几个很富有的人质已经从加的斯被带回来了，女王宣布所有的赎金都应该归她。当埃塞克斯对此表示反对，认为这样做会使得他们的士兵失去奖金时，女王根本不想听，她说，要怪只能怪那些士兵没有能力带回更多的战利品，为什么他们就没有能力把那艘归途中的西印度舰队截获呢？塞西尔父子反问了一些令人不悦的问题，对女王的立场表示支持。这位新的国务大臣尤其刻薄。埃塞克斯有充分的理由去期待一个完全不同的回答，然而，事实并非如此，因此这让他非常失望和愤怒。他给安东尼·培根的信中写道："我算是见识了这种差事的后果了，老实说，我虽然现在作为宠臣且集万千荣誉于一身，但是我很讨厌这种感觉，就像之前我很厌恶享有普通朝臣的那种所谓的幸福感觉一样，然后脑子里回想起一位已过世的智者在其作品中所说的话'一切皆空'。"另外一件事让女王的不悦与日俱增——伯爵受到身边人的热烈欢迎，这让女王很不开心。她不允许除了她以外的任何人深得民心。当大家提议对于加的斯的胜利进行感恩的活动应该在全国范围内举行的时候，女王则命令只能在伦敦举行。当听说有人在圣保罗布道，将埃塞克斯比作是自古以来最伟大的将军，而且他"公正、智慧、勇猛以及高贵的举止"受到了高度的颂扬时，在下一次的会议上，她处心积虑地对他的策略做出了一些尖酸刻薄的评论。"命运给予了我乖戾的性格，因此让我不得安宁"埃塞克斯写道，"那些我仍然欣然消化的酸食可能孕育出酸液呢。"这是一个奇怪的征兆，但是他把这样的想法丢在一边。尽管如此，他还是会尽量克制自己的脾气，"我力求不落人口实，所以我必须小心翼翼地防止自我堕落。"

　　他的忍耐和克制不久之后便得到了回报。传来消息称，就在英格兰人出发返航的两天后，西印度舰队载着价值两百万达克特的财物①驶入了塔古斯河②。很显然，如果当时采纳了埃塞克斯极力提出的计划，让军队在葡萄牙的海岸等上几日，很有可能就能够截取这巨大的财富。伊丽莎白突然之间在想法上产生了变化。她自己会不会太不公平，太小肚鸡肠了？她显然是被误导了。埃塞克斯发高烧，而女王的态度也发生了三百六十度的转变，她把

---

① 旧时欧洲一些国家通用的金币。
② 欧洲西南部河流，经西班牙中部和葡萄牙，在里斯本注入大西洋。

她的愤怒都发泄在了她的敌人身上。威廉姆·诺利斯爵士,埃塞克斯爵士的舅父,是枢密院的成员,也是总管大臣。塞西尔父子非常惊恐,伯利勋爵也见风使舵改变了自己的立场,认为他的提议是明智的,在下一次会议的时候,就西班牙赎金的问题对埃塞克斯表示支持。但是实际上的行动并没有那么成功。伊丽莎白对他大发雷霆。"亲爱的财务大臣,"她咆哮道,"不管你是出于对他的害怕还是喜爱,在你心里埃塞克斯伯爵都比我要重要吧。你就是个无赖!懦夫!"这个可怜的老男人动摇了,他用颤抖的双手给伯爵写了一封规劝信。"我的双手太无力,我的思维也受到了阻碍,"他继续写道,他的情况处于进退两难之中,"因为我的不幸将会导致我们俩的不幸……女王陛下控告和谴责我,说我不应该支持您对抗她,相反,阁下您也不愿意我去讨好女王陛下而触怒您。"他真的觉得他是时候退休了。"我没有办法避开这些危险,但是如果我可以做一位隐士,或者说过一种像这样的私人生活,那么我就可以安享晚年,专心养病,调养我这日益衰颓的身子。而且我不希望你们俩其中的任何一个人由于不悦,而在去天堂的路上止步。"埃塞克斯出于礼貌以一种有尊严的同情给他回了一封信。但是安东尼·培根的评价是不同的,他没有隐藏自己的幸灾乐祸。他写信告诉一位驻意大利的通信员说:"伯爵没事了,真是谢天谢地!他的勇敢和美德所散发出来的耀眼光芒驱散了乌云和薄雾,他用他无可匹敌的美德战胜了由妒忌产生的恶意,使得这只老狐狸跪地求饶。"

伯利勋爵着实很沮丧。他把整个局势都考虑得很周全,而且他得出结论,也许,他在对待培根的问题上真的错了。没有他外甥们的支持,这个年轻的贵族爵士真的能够到达如此危险的显赫地位吗?他们给他提供的智慧支持,敏锐的意识和沉稳的性格不正是根据他本身焦躁的脾性,对其进行互补吗?现在拆散他们是不是还为时不晚呢?他什么也做不了,只能试一试了。很显然,在他们两个之中,安东尼更活跃也更具有威胁性,而且如果能把他拉过来……他派了他妻子和培根夫人的姐妹拉塞尔夫人到大使馆给她的外甥带去和解的消息,而且提供工作职位和报酬。他们交谈了很长时间,却没有达成任何成果。安东尼丝毫不会改变主意。他对伯爵一直忠心耿耿,他作为一个病弱者,在忧郁中仍然饱含热情去崇拜他,先前他姨父对他的漠视让他永生难忘。而对于他的表弟罗伯特,他对他有多少嘲笑,他对他就有多少憎恨。他详细地把他内心的想法告诉他的姨母,而她根本无言以对。他说,事实上,这位国务大臣公然表示和他有"不共戴天之仇"。"啊,可恶的小顽童!"拉塞尔夫人说道,"这是真的吗?"安东尼笑着用加斯科涅人的谚语回答道:"蠢驴成不了气候。"拉塞尔夫人说:"天哪,但他不是驴子啊。""夫人,那么叫他骡子吧,"安东尼再次回答道,"这是最惹人厌的畜生了。"当他的姨母走了之后,安东尼花了一分钟解释了这段对话,然后把它寄给了他的庇护人,在信件的末尾申明,他将忠心耿耿、全心全意地为"阁下"服务,"关于这点我早已郑重而坚决地向阁下您发过誓,而且我相信我同样拥有阁下您最崇高和真挚的爱"。是啊,为什么他一定要另投他主呢?这样的建议真的是无用的。现在,这多年的效忠已经让他对伯爵忠心崇拜，这么多年的辛劳终于要开出成功的花朵了！

安东尼的梦想看起来就快要实现了，很难想象有什么能够阻止埃塞克斯在不久之后成为英格兰真正的统治者。他凌驾于伊丽莎白之上的支配地位看起来完全建立起来了。她个人对埃塞克斯的喜爱并没有随着时间的推移而减少，相反，随着女王越来越意识到他作为一名军事家和一位政治家的优秀品质，她对埃塞克斯的喜爱反而增强了。塞西尔父子在他面前给他鞠躬，雷利不被允许出现在王宫之中，目前也没有其他的对手。作为枢密院会议决议的掌控者，他用百分之百的热情和镇定承担了这一高位上的职责。大量的工作如潮水般向他涌来。他说："我必须挽救爱尔兰，满足法国的要求，给低地国家（指荷兰、比利时、卢森堡）带来成功，而这些目标他们还远远没有达到，还要设法发现和预防比以往更重大的叛国事件和阴谋的发生。"在如此繁忙的事务中，在取得如此多的成就之后，他并没有忘记他的朋友。想到托马斯·博德利，他的良心都会刺痛。他可以做些什么来弥补这位国务大臣的损失呢？他答应过他衷心的追随者，但是却也只是徒然。他想起了毕晓普·杰罗姆·奥索鲁斯图书馆，那个夏天在法鲁不经意间被它所吸引。博德利本就应该拥有这个图书馆，就应该这么做。而博德利也确实得到了，他的名字——博德利，就是这座伟大的图书馆的名字的不寻常来源。

成功、权力、青春、皇室的支持以及军功，这位了不起的伯爵的好运中还缺什么呢？也许只缺一件东西，而这件东西现在也已经给了他：在艺术上对其不朽的歌颂。这位高超的诗人，运用

文字的魅力将一个时刻的美好和人类命运的浩大结合在一起,将灿烂的永恒授予这位:

> "高贵的贵族,
> 他是伟大英格兰的荣耀和世界伟大的奇迹,
> 他那令人闻风丧胆的名字如同惊雷穿透西班牙,
> 像大力士一样将两座山峰拉近。
> 让人心头为之颤抖和敬畏,
> 美丽的荣誉枝条,骑士风度的花朵,
> 在英格兰到处流传着你胜利的美名,
> 这位伯爵的胜利该是多么地欣喜!"

埃塞克斯高超的作诗技巧跃然纸上,他本人在众人面前站立着,散发出耀眼的光芒。

然而,有一双眼睛,而且只有一双,一眨不眨地一直盯着这个华丽盛大的场面。弗朗西斯·培根毒蝎般的眼神,对这表面宏大的场面不屑一顾,却直接戳中了他的庇护主目前的真实情况,面对这场面,他只看到了疑惑和危险。怀着非凡的勇气和深厚的智慧,他恰恰选择了在埃塞克斯事业的高峰期,至少看起来是这样,加大力度对其进行警告和劝谏。在一封长长的信件中,字句之间都体现着细致的关怀,以及自己对目前圆满的生活状况心存感激,培根觉得自己是个有先见之明的超人,并告诉伯爵他在这个位置上存在的挑战,在这个职位上存在的危险,以及如何才有可能避免这些风险。很显然,所有的一切都取决于女王。但是培根认为现在这一情况恰恰暴露了埃塞克斯处于弱势,而非优势。他心里很明白伊丽莎白在半清醒状态下说出来的话是什么意思,"有一点我很清楚,他是一个天生就放荡不羁的男人,他知道如何利用我的青睐;如何利用我给他的地位,虽然这不能作为他伟大的根基;如何利用他在人民心中的好名声;如何利用军事靠山。"如果这样想想,又有什么是不可能发生的呢?他写道:"我想问,是否还有比他现在呈现给一位现任的最高统治者,特别是一位女士的形象还要更危险的形象?"现在很有必要做的是,埃塞克斯应该努力地消除伊丽莎白对自己整个行为存在的猜疑。他要尽最大的努力向她证明他并非"一意孤行"而且"不可掌控"。他要抓住一切机会奋力地反击那些闲言碎语,证明其实他的人气和名声没有传说中的那么夸张,同时谴责其他谣传之人。总之,他必须彻底避免自己看起来像"有军事靠山"的样子。"于此,"培根写道,"我对阁下您的思想完全表示怀疑……因为第一,女王陛下热爱和平。第二,她不喜欢花钱。第三,这种靠山使得他的嫌疑更大。"但是,还远不止于此。培根清楚地意识到埃塞克斯天生就不是一块当将军的料。毫无疑问,加的斯之行很顺利,但是他不相信这些军事行动的价值,因此,他敦促伯爵也别再沉迷其中了。有谣言称伯爵希望成为一名军械总管,这些谣言真是太愚昧了。最好让他一心一意扑在枢密院上,在那他根本不用插手军事行动,就可以控制军事事务。如果伯爵想要一个新的职位,就让他选择一个现阶段空缺,而且性质上属于民政的职位:让他请求女王封他为掌玺大臣。

没有任何的建议比这更明智，更一针见血了。如果埃塞克斯遵循了这些意见，他的人生故事该会有多么不同！培根在某些方面理解得很透彻，但是在其他方面却完全不解，这就是人类理智中让人捉摸不透的缺陷。他这些明智而透彻的警告中夹杂着一些其他的建议，而这些精心策划的建议恰好又使得他无法达到自己的目的。除了心理学，他无所不精，事实上他为了留住女王对埃塞克斯的喜爱，而敦促埃塞克斯去采取的那些行动完全不适合这位伯爵的性格。培根希望他的庇护人能够很自然地像权谋政治家一样不择手段去算计。他希望埃塞克斯能够潜心学习阿谀奉承、装腔作势以及有所保留。事实上，埃塞克斯并不需要模仿莱斯特伯爵或者哈顿的阿谀奉承，噢，不！完全不必。而应把握每一次的机会说服伊丽莎白相信他在追随这些贵族的脚步，"因为我想不出更便捷的办法让女王认为你忠心耿耿。"他认为埃塞克斯伯爵必须非常注重他的神态相貌。如果在辩论之后，他认为女王是正确的，"那么一定要在表面上表现得很真诚。""阁下您永远要有一些自己在做的小事，您应该看起来是真心诚意而且带着感情去做的，但是了解女王陛下对其反对和厌恶之后要立即放弃这个打算。比如，您可以假装要去看看在威尔士的财产和地产。但是，只要女王要求，您就能毅然放弃这个念头。即使是最简单的细节也绝对不能忽视——习惯、服饰、穿着、姿势等。对于您深得民心，这本身就是一件好事，此外管理好这种声誉对于您而言就是一种伟大的成就，目前是，将来也是。您应该小心地去处理自己的名声。唯一的解决办法就是注意言辞，而非真的让人民不拥戴您。对于强烈反对您深得民心的说辞口头上说说即可，切不可贸然采取任何行动。事实上，您不需要真的放弃这个受众人爱戴的职位。您只要继续像从前一样热爱人民，继续您的光荣事业。"

这样的忠告要么是徒劳的，要么就是危险的。冲动坦率的埃塞克斯怎么可能改变自己，走上这些拐弯抹角的道路呢？每个人都知道，很显然我说的每个人不包括培根，伯爵不擅长掩饰自己。"他什么也隐藏不住，"亨利·卡夫说道，"他的前额写着他的爱与恨。"对于像他这样脾性的人，很难说他最不擅长哪种手段，是长期坚持不懈练习某种老谋深算的计策，还是短期内的小花招。"服饰、穿着、姿势！"寄希望于埃塞克斯去注意那些烦人的细节终究是徒劳的！埃塞克斯总是要么匆匆忙忙，要么就在做梦，他会坐在桌子旁边，无意识地进食、饮酒，把食物一股脑塞进嘴里，又或是突然不吃了，而后长时间地陷入某种思想游离状态，为了节省时间，埃塞克斯会在一群朋友和办事者之间让人替他着装，就像亨利·沃顿说的那样，"他伸开腿，张开手臂，昂首挺胸，让他身边的侍从帮他系好纽扣，穿好衣服。他把头和脸对着理发师，一点都不关注头发剪得怎么样，而只顾着盯着信件看，听着办事者陈诉。"因此，他也不知道自己穿了什么，拿起一件披风便匆忙地披上了，走出门，脑袋向前伸，便迈着奇怪的步子去觐见女王了。

当埃塞克斯见到女王的时候，假如那时候奇迹出现，他还记得培根给他的建议，而且试图把朋友给他的意见和计谋一件一件地付诸实践。将会发生什么呢？很显然，尽管做了这么多的努力，他的性格仍然会将他出卖。在他蹩脚的伪装之下，他内心真正的想法仍然会暴露，他拙劣的演技在心明眼亮的伊丽莎白面前原形毕露。接下来，他最后的状况真的将会比他最开始的时候还要糟糕，他的诚实必定会暴露他的谎言。事实上，当他试图减少无根据的猜疑的时候，他就会直接讲出真相。

毫无疑问，埃塞克斯带着崇拜和感激一遍又一遍地读着培根的信件，当然，可能会有一些无意识的叹息。但是，不久之后，家庭的另一个成员便给他提供了一个不同寻常的告诫。培根老夫人一直在密切地监视着戈勒姆伯里的王宫，这已经成了她的惯例活动。在伯爵从加的斯回来不久之后，她收到了一份令人惊讶的报告，上面对于他的行为给予了高度评价：他突然之间改变了毫无节制的习惯，而且喜欢上了"狂热的基督教，从来不错过王宫中任何的布道和祈祷活动，而且向他品德高尚的妻子表达了真正崇高的善意"。目前为止还不错，但是他的改变看起来并不持久。在一两个月之内，就有谣言开始流传说埃塞克斯伯爵与一位已婚的位高权重的女士私通。培根夫人感觉十分震撼，但是并不觉得惊讶，在伦敦这样邪恶的世界里，出现这样的事情也是意料之中。趁着这样一个机会，她写了一封非常虔诚的信，讲述了这件事。对于上面这桩丑事中提到的那位女士，对于这样的生物，再苛刻的词语用在她身上都不为过。她"淫荡放肆，无耻到不可救药"。她的"不守妇道将受到人们的鄙视和谴责，遗臭万年"。她请求道："上帝开恩，请您马上帮她改过自新，或者最简单的做法就是把她的头砍了以免再生事端。"至于埃塞克斯,这样极端的措施目前还没有必要,当然,他的罪恶没有那么深重,他还有机会改过自新。让他读《圣经新约全书》中的《帖撒罗尼迦前书》或者《帖撒罗尼迦后书》的第四章第三节,他就会明白这是上帝的旨意,应该心怀神圣之心,杜绝私通。不仅如此,他将会发现对自身的一个严重威胁,上帝将对私通者和通奸者进行审判,那么到时候他们就会被所有人拒之门外。对于这样的情况,使徒说道:"通常是上帝降怒于我们。""让他好自为之,不要冒犯上帝的神灵。"她总结道,"我说的都是我内心真实的情感,很多不好听的观点也只是我的一家之言,我承认在很多方面它们仍然欠妥而且让人反感。"

埃塞克斯立马回复了,文笔中带着一种伤感却又高贵的美,这一直是他的风格。他写道:"我把它当成是上帝的一种更大的恩惠,给我派来一个这么好的天使来劝谏我;也很感谢夫人您的善举给予我的帮助。"他全盘否认整个流言。"在崇高的上帝面前,我表示抗议,最近对我的指控纯属乌龙,是不公正的,而且,自从我从离开英格兰到西班牙,我就一直自我克制,没有与身边的任何女子有染。"他料定这完全就是他的敌人无中生有。"我生活在一个无时无刻不被阴谋算计的地方,一个阴谋时刻上演的地方。如果他们无法让世界相信他们,他们就说服自己去相信;对于那些不可能让女王相信的事情,他们就传播到社会上……沃西夫人觉得我是一个懦弱的人,满是缺点。但是请相信我正在努力地变得更好,我在改正我的缺点,而不是掩盖它们。"这位遗孀不知道应该怎样来理解这些辩解。也许他说的是真的，她也希望如此。在附言中，他请她看完信件后烧毁，但是她更偏向留着。她用她满是皱纹的手指小心翼翼地把信折好，放在一旁，以便以后查阅。

不管她所听到的流言真相如何，显然，她对于自己的通信者，还不如她对自己的小儿子了解得多。这种虔诚的节俭与伯爵的慷慨大方几乎没有共同点。毫无疑问，伯爵认为他可以在一旁振振有词地说一些冠冕堂皇的声明，从而把这件事撂在一边。他的精神、任性、悲伤和辉煌都属于文艺复兴时代——英国文艺复兴时代，在这一时代，野心、学问、宗教和淫荡这些冲突的潮流如此微妙地相互交织。他生活在一个极不稳定的环境中，不断地搬迁。他不知道他是谁，要去哪里。他无法抗拒情绪对他的神秘控制，这种情绪强烈，引人入胜而且有时候自相矛盾。他突然从激动人心的日常事务和政治场转向独处，在屋里欣赏斯宾塞①诗歌带来的感官上的美感。他随随便便与王宫中的美女调情，丝毫不顾危险。然后在圣保罗冰冷的教堂中待上几个小时，对着神像思考。他的命运好像不可逆转地在行动和权力的路上领导他，但他却无法确定这是否真的是他命运的方向，他梦见偏远的兰菲和宁静隐秘的查理庄园。女王召见他，当他来到她面前，又有一连串的矛盾情绪向他袭来。喜爱、钦佩、愤怒、嘲弄，这些感觉轮番而来，而且有时候这些感觉会同时产生。对于埃塞克斯而言，很难

---

① 埃德蒙·斯宾塞：(Edmund Spenser，1552年—1599年1月13日)英国文艺复兴时期的伟大诗人。其代表作有长篇史诗《仙后》，田园诗集《牧人月历》，组诗《情诗小唱十四行诗集》、《婚前曲》、《祝婚曲》等。

忽视女王的年龄、皇权和成功带来的威望,她吸引人的迂回政治手腕和令人愉悦的活力所带来的惊喜让他无法拒绝这种罕见智慧的魅力。他满脑子都是她,于是也随着她在林荫道上欢乐地舞动起来。多么快乐的弯道!多么新鲜的视觉盛宴!接着发生了什么事呢?弯道出其不意地不见了,显得荒谬可笑,让人无法理解。他晕头转向,一条平坦而清晰的道路展现在他们面前,但是她还是坚持要奔走于无数的弯道,他所做的一切努力都无法让她走直道。她是一个荒唐、顽固的老妇人,只有当她应该坚定的时候,她才会动摇,而她的坚强又只表现在她的刚愎自用上。而他,毕竟是个男人,有着男人的洞察力和决心。如果她愿意跟随,他可以带领她。但是命运已经扭转了角色,本该是主人却成了仆人。有时,也许他可以把自己的意志强加于她,但是坚持男子气概需要耗费大量的精力!一个女人和一个男人!是的,这很明显!为什么他会处于这样一个位置?为什么他会有这样的影响力?这些不仅显而易见,而且荒谬可笑令人厌恶,他满足了这位六十三岁的处女奇特的渴望。这要怎么结束?当他要离开她的时候,他的心情很低落,他在女王那非凡的眼睛里看到不可名状的东西。他匆忙赶回家见他的妻子、朋友以及姐妹们。然后,在他河边气派的府邸中,从他童年时期以来一直伴随他的虚脱症又会发作,这让他无法思考也无法行动,在极度痛苦中颤抖,又得在黑暗的房间里忧郁地躺上好几天。

但是,毕竟他无法抵抗环境的压力、时代的呼唤,以及开拓和领导事业的召唤。他又重新恢复了生命力,重拾那种久违的冒险兴奋感和雄心勃勃的争强好胜感。西班牙仍然在地平线处逐渐紧逼。在加的斯的时候,它并没有被摧毁,这条毒蛇仍然很危险,必须对它再次镇压。于是他再次商议起了第二次远征。弗朗西斯·培根可以把他想说的话表达出来,但是如果真的有那么一场征战,又怎么可能让《婚礼祝酒歌》中的"贵族"置身事外呢?他怎么可能把这种声望和胜利留给沃尔特·雷利呢?他又如何甘心置身于一个驼背的国务大臣之后,过着伏案写作的日子?在私底下,他热切地怂恿女王。于是,她看起来比平常更容易听取意见。她同意武装攻击这一原则,但是对于具体要采取的形式还是有所疑虑。这一消息开始泄露,弗朗西斯·培根变得焦虑不安。他明白,这件事情将会表明伯爵是否会采纳他的建议,意见分歧之路就在眼前。

同时,当未来前途未卜的时候,这位多才多艺的聪明人却忙于别的事。一五九七年一月,他出版了一本书,这是出版界最引人注目的一本。在其六十页中,前二十五页是十篇简短的"随笔",这个词是英文新词,其中一位无可匹敌的观察员将他的很多观点书写下来,代代流传。这些文章反映了这个世界的运作方式,特别是宫廷。后来,培根扩大了文集的规模,拓宽了题材的范围,而且用华丽的辞藻和修饰性的语言丰富了文章的风格。但总体来说,这十篇还是比较简洁、朴素和实用。在一连串精辟的句子中,除了保留文字本身蕴含的力量和想要表达的观点之外,所有的浮华都被摒弃。他对"请求者""仪式与尊重""追随者和朋友""花费"以及"谈判"等主题发表了看法。"有些书,"他写道,"浅尝辄止,有些书可以吞下,其他很少的一部分则应当咀嚼消化。"毫无疑问,他很清楚自己的书属于哪个类别。而且当一个人细细咀嚼一本书的时候,不仅可以学习到政治活动的方式,而且能够了解作者的本性,以及他原始思维中大胆而又谨慎的让人好奇的特性。他在他的文章"论派系"中说道:"出身卑微的人一定要依附他人,但是本身有力量的人最好能做到不偏不倚和保持中立。"他又补充说:"初入仕途者,不免要依附他人,因此最好能够适度地依附。"如果他可以在融入某个派别的同时又能够与另外一个派别融洽相处,那么他的仕途一定会很顺畅。这本书献给"安东尼·培根先生,我亲爱的哥哥",但是,以安东尼与生俱来的坚定的奉献精神,他对于这样一句格言又有何看法呢?

不管安东尼会怎么想,弗朗西斯都帮不了他了。到最后,唯一的解决办法就是,他一定要通过自己对事实的判断,而非通过他的哥哥来改变自己的想法。很显然,其中的一项周期性危机正在迅速到来,它似乎通过日益迅猛增长的力量离间女王与伯爵之间的关系。众所周知,实际上已经确定了对西班牙的海上攻击,但谁来指挥呢?二月初开始,埃塞克斯就卧病在床。女王来拜访他;在受到女王莫大的恩惠之后,他的身体立马就恢复了。但是接着,伯爵再一次病倒了。具体是什么病他还不是很清楚,他是生气了,还是真的病了?也许两者都有。两个星期过去了,仍然不见他的踪影,女王很焦急,宫廷里谣言满天飞。种种迹象表明这里发生过争吵。有可靠的消息称,女王曾经告诉过他,要他与雷利和托马斯·霍华德一起指挥这次远征。然而伯爵发誓他绝对不干。最后伊丽莎白恼羞成怒，破口大骂。她大声说道："我会打消他一意孤行的念头，摧毁他那颗骄傲自大的心！"她不知道他的固执是从哪里遗传来的。当然是从埃塞克斯的母亲，即她的表亲莱蒂斯·诺里斯那遗传来的。这个令她讨厌的女人是莱斯特伯爵的遗孀。接着传来消息称，伯爵身体大有好转，已经能够下床了，而且准备从王宫出发去威尔士看看他的地产。

培根从来没有想过所有的这一切会造成什么样的后果。他下定了决心。他是个初入仕途的人。对于他来说"虽然自己不免要依附他人，但最好能够适度地依附，使得自己可以在融入某个派别的同时，又能够与另外一个派别融洽相处。"他给伯利勋爵写了封信，文笔严谨、细腻。他说："我想，如果我真的是出于对我自己职责的一种习惯性的考虑，而不是受到了在特定场合的激励才写这封信，那么最好展现我所要表达的东西。"他带着恭维和感激谈到"阁下的智慧出类拔萃"，并补充说，"阁下的善行在我心里是举世无双的，我必须承认阁下赐予的大恩大德，我没齿难忘。"本着深切的敬意和谦卑，他坚持要为他的姨父效劳。"这使我非常谦逊地祈祷阁下相信，您就是我名副其实的主人，您可以随意地使唤我，利用上帝赋予我的区区才能，我将全心全意为您服务。"他乞求宽恕；为了改善他们之间的关系，他甚至不惜与他的哥哥安东尼断绝联系。"我本着谦卑的心情，祈求阁下赦免我的错误，不要把任何其他人的过失（我也知道这些过失本身就是早有预谋而且仍然存在）归罪于我，而是把我当成是一个恪尽职守之人。"信的结尾他做出了最后的声明，句子节奏优美，抑扬顿挫，高雅感人。"再一次,敬请阁下原谅我做此长信,对我那微不足道的效忠许以如此空洞的承诺,但是这却真真切切地承载着我的耿耿忠心和应尽职责,愿神明长佑阁下。"

伯利勋爵的回答对我们来说仍然是未知数,但是我们可以肯定的是他没有排斥这些好意,也没有忽略他们的内涵。事态正在迅速发展。老科巴姆勋爵的死亡,使得五港同盟总督的职位出现空缺,把危机带到了风口浪尖。他的儿子,一位新的勋爵,希望能够继承这个职位,但是埃塞克斯憎恶他,而一直在推荐罗伯特·西德尼爵士上位。一个星期以来,这场冲突不断激化。然后女王宣布了她的决定:总督一职应该由科巴姆担任。于是,埃塞克斯再次宣布他将离开朝廷,声称他在威尔士有重要的事要做。一切已经准备妥当,人和马都已经准备好,伯爵就等着和伯利勋爵告别了,这时他被女王召宫觐见。他们之间有一次私人会见,最终俩人达成和解,埃塞克斯成了军械总管。

所以这就是弗朗西斯·培根提建议的结果!本来他告诉伯爵假装在旅行是为了能够按照女王的要求洒脱地放弃;而这个愚蠢的男人做的却完全相反——他把这个建议当成威胁来逼迫女王。到底是出于什么目的? 他想要追求最应该避免追求的东西,他看中了原本毫无作用且危险重重的"武力依靠",不仅如此,他还争取到了培根一直建议他回避的职位——军械总管。显然,培根给伯利勋爵的信是有道理的。除了依靠前途未卜的埃塞克斯所提供的帮助之外,"一个官场新手"也必须通过一些其他的帮助来获得世间的美好事物。但是,因此而放弃全部旧的联系是愚蠢的,它可能在各个方面还是有用的。例如，威廉姆·哈顿爵士死了。他的离开使得其妻子成为一位富有的寡妇——年轻而且有能力。跟她结婚将是治疗培根仍然在遭受的经济危机症的绝佳方法。谈判已经步入正轨，如果能够说服那位夫人的父亲托马斯·塞西尔爵士，那么似乎便可成就一段良缘。培根恳求埃塞克斯利用他的影响力帮帮忙，埃塞克斯按照他的要求去做了。他写信给托马斯·塞西尔爵士，详细阐述了他"挚友"的优点，而且他听说他的这位朋友还是"令爱哈顿夫人的追求者"。"为了表明我向您请求的这一番真心实意，我还要补充一点，如果她是我的妹妹或女儿，我保证我一定会像现在说服你一样秉着坚定的信念促进他们之间的进一步发展。虽然，我对他万分偏爱，但是，我对他的赞美绝对不偏不倚。因为对于那些和我一样了解其至深之人，必然与我有同感。"然而，伯爵的影响再一次证明是无效的。由于一些未知的原因，培根再次失望了。这位哈顿夫人，像首席检察官一样，落在了爱德华·科克手上。

埃塞克斯不但成为军械总管，而且他还负责指挥对抗西班牙的远征军。几个月来，众所周知，西班牙人在科伦纳和埃尔费罗尔两大毗邻的港口一直在精心地为海战做准备。新的西班牙无敌舰队的目的地是未知的，也许是非洲或布列塔尼[①]或爱尔兰，但不断有情报说，他们要进攻怀特岛。女王决定先发制人。埃塞克斯

---

① 布列塔尼：(Brittany) 法国的个大区之一，位于法国西北部的布列塔尼半岛，英吉利海峡和比斯开湾之间。

与雷利和托马斯·霍华德伯爵准备带领舰队以及强大的武装力量进攻尔费罗尔港口,然后摧毁他们在那里找到的一切。总而言之,也就是重复一次加的斯的冒险,何乐而不为呢?女王本人认为能够高效迅速地,花最少的钱完成任务。塞西尔父子都表示赞同。和解还悬而未决。伯利勋爵充当和平说客,促使他的儿子和伯爵达成共识。埃塞克斯在家中准备了晚餐,不仅邀请了罗伯特爵士,也邀请了沃尔特·雷利。多年的敌意暂且搁置一旁,在两个小时的私人谈话中,这三位朝廷重臣言归于好。最终证明他们之间的和解善意的是他们一致认为应该说服伊丽莎白再次重用雷利。在三重压力之下,女王很快就屈服了,于是她和蔼地接见了雷利,并且告诉他,他可以继续担任护卫长一职。为了庆祝,雷利给自己定做了一件银色盔甲。所以,这个危险的男人再一次华丽而闪耀地站立在白厅的皇室前厅。

正值夏天,庞大的舰队几乎准备离开了。埃塞克斯在海岸,指挥着最后的准备工作。他已经向女王告别了,但是他还在英格兰逗留了两个礼拜,而与女王的告别则在一封充满激情的通信中持续到了最后一刻。这种暧昧的关系中可能存在过困难、危险、悲伤,但现在两人的分开似乎让所有的事情都明朗起来。伊丽莎白现在处于她最和善的时候。她寄出一连串的礼物和信件,她把自己的肖像送给了伯爵,而且不断地亲手给他写信。因此,埃塞克斯很快乐——活跃、自负、兴奋。伟大的女王,带着她所有的威严和感情出现在他的想象中,就像一位光彩照人的仙女。她是他"最敬爱最崇拜的君主",他不能表达出自己的感受,只因为"言语不能表达我的情意,因此我亲爱的女王,我希望,即使我没有用言语表达,您也能充分和正确地明白我的心意。天和地应为我见证。我将继续努力让自己配得上如此高贵的恩典和幸福的庇佑。"他愿为其效力,"比以往任何的主仆关系都要忠诚"。他的灵魂迸发出最真诚,忠实的感情,这是他内心最热切的愿望。他感谢女王"窝心的书信,那是精神与精神的交流"。她收到一个消息说,埃塞克斯的船漏水,于是便写信给他,提醒他采取预防措施,以防止危险。当他收到这封信的时候,正值其出发前夕,他在普利茅斯。他写道:"承蒙您无限的关爱,所以现在为了您,我也会好好爱我自己。因此,亲爱的陛下,请放心,我一定不辜负您的期望,安全归来。"他向她保证,风向很好,一切都准备就绪,他们即将启航。"我恭敬地亲吻您高贵而白皙的手,"最后他说,"我慷慨激昂地在我的灵魂中许一个真挚的愿望,希望女王陛下获得所有真正的快乐,您最谦卑最衷心的臣子,埃塞克斯。"随后,舰队开始驶向海洋。

第九章

　　菲利普国王在埃尔·埃斯科里亚尔王宫工作,那是他为自己建造的巨大的宫殿,全部用石头堆砌,在远处,高高地堆起,矗立在满是岩石的荒凉的瓜达拉玛山麓。从来没有君主像他这么拼命,他不断地工作,坐在他的办公桌前控制一个庞大的帝国——西班牙和葡萄牙、半个意大利、荷兰、西印度群岛。在操劳的工作之中,他变老了,头发花白,但他还是一直努力工作。他患上了疾病,他忍受着痛风的折磨,他的皮肤发生了溃烂,他还患上了一种神秘而可怕的瘫痪病,但他的手从早上一直到晚上都在纸上写个不停。他现在从来不露面。他已经撤回到他宫殿里面的房间——一个小房间,挂着深绿色的挂毯,他在那里秘密地、沉默地、不挠不挠地统治着一切,然后慢慢走向死亡。但有一件事情让他暂时忘记工作,只有一件。有时候,他通过一扇低矮的门进入他的祈祷室,通过里面的窗户看外面,就像从一个歌剧院的包厢向外望一样,看到一个宽敞的教堂。这是这座伟大建筑的中心,一半是宫殿,一半是修道院,那里也是歌剧的风格,包括牧师们穿的法衣,走路的步子,还有那奇怪的歌声。牧师在靠近他脚下的祭坛下面作法,专注于自己神圣的工作!但是他的工作也是神圣的,他也在为上帝的荣耀而努力。难道他不是被上帝选中的工具吗?他也继承了这种神圣的血统。他的父亲查尔斯五世去世时,是被圣父、圣子及圣灵迎入天堂的,这点毋庸置疑,提香[①]已经把这一场景画下来了。他将以类似的光荣方式被三位一体迎接,但现在还不是时候,他必须先完成他在俗世的职责。他必须和法国维持和平关系,他必须把他的女儿嫁出去,他必须征服荷兰人,他必须到处巩固天主教至高无上的地位。仍然有很多事情要做,而且时间不多,他急忙回到办公桌边,而这一切都必须由自己亲自动手完成。

他思绪万千,感到困惑和心塞。现在谁的心情都不好。他已经忘记了阿兰胡埃斯[②]的喷泉和埃博利公主的眼眸。他的大脑里充满了模糊的刺激——宗教、骄傲、失望、休息的渴望,报仇的欲望,这让他很烦恼。他想起了他在英格兰的小姨子——多么扰人的形象!他和她一起长大,她一直在逃避他——逃避他的爱和恨。但仍然还是有时间的,他会比以往任何时候都更加拼命地工作,他会给她这个让人极其讨厌的女人一个教训,在他死之前,他要让她那异端的笑声再也笑不出来。

[①] 提香:(意大利语名 Tiziano Vecellio) 约 1490 年—1576 年,意大利文艺复兴时期威尼斯画派画家。

[②] 阿兰胡埃斯:(Aranjuez)马德里南部邻近的一个小镇,在那片干燥的高原上,唯有这里树木茂密、清泉长流,宛如绿洲。

这个礼物确实适合作为他死后和三位一体的见面礼。多年来，为了达到这个目的，他一直在加倍努力。他的西班牙无敌舰队没有成功完成任务，事实确实如此。但相反，这并非是无法弥补的。加的斯遭受的破坏虽然不幸，但也没有达到致命的程度。还可以建造另一支无敌舰队，在上帝的保佑之下，应该能够达到他的目的。他已经做得很好了。他不是在加的斯沦陷后的几个月就派出一支强大的舰队到爱尔兰，派军队去支援叛军了吗？不幸的是，由于强烈的北风干扰，舰队从未到达爱尔兰，二十多艘船只沉入海底，而第二支西班牙无敌舰队的残余船只已经返回到西班牙。这样的事故还会发生，但是只要三位一体在他身边，他为什么还要绝望呢？凭借着自身的勤奋努力，他已经设法在埃尔费罗尔港口整修舰队。他任命卡斯蒂尔[①]地区总督马丁·德·帕迪利亚（西班牙殖民地的地方行政长官）进行指挥。马丁是一个虔诚的信徒，比麦地那·西多尼亚更虔诚。在一五九七年夏末，看起来第三支西班牙舰队似乎应该准备好了，但是远征却莫名其妙地延迟了。枢密院庄严地举行了秘密会议，但由于某种原因，他们精心的讨论并不能推动事情向前发展。而且指挥官和官员之间还存在争吵，所有的人都在争论，一点都不理解他们正在参与的这项伟大任务。至于菲利普国王则什么都明白。他的计划是他自己的秘密，他不会透露给任何人，即使是西班牙殖民地的总督要求他说，他也不会告诉他舰队的目的地。但是，不应该再拖延了。

---

① 西班牙中北部地区和古王国。

无敌舰队必须立即启航。

这时传来了最令人不安的消息。英国舰队正在普利茅斯进行准备，它很快就会出现在公海上。而且它的目标非常明确，会直奔埃尔费罗尔，一旦到达那，还有什么能够阻止它？加的斯的悲剧将会重演。这位西班牙地区总督宣布他们什么也做不了，也不可能离开海港，他们的准备工作完全不足，事实上，他们什么都缺，无法与敌人抗衡。令国王愤怒的是，虔诚的马丁似乎和麦地那·西多尼亚腔调一致。但是没有办法，人们必须面对，只有相信三位一体了。

有消息说舰队已经离开了普利茅斯，然后奇迹出现了。在一场可怕的暂停航行之后，大家都知道西南方向的狂风几乎要了英国人的命，尽管困难重重，但是十天之后，他们的船还是返回到了港口。菲利普国王的无敌舰队因此保住了。

这确实是一场骇人听闻的风暴。听到这可怕的风声，在皇宫里的女王也颤抖起来，埃塞克斯本人已经不止一次吓得灵魂出窍。他的逃脱不如他想象的那么幸运，他将被一场更可怕的灾难压倒，暴风雨只是悲剧的前奏。随着这股强劲冷冽而致命的风暴的到来，他的好运到此也结束了。从那一刻起，厄运就不断地缠绕着他。令人好奇的巧合是，造成如此可怕后果的风暴却很神奇地被永久记录了下来。在与伯爵一起出海冒险和寻找财富的年轻人中，约翰·多恩也在内。他遭受了很多的痛苦，但是他决定把他不愉快的感觉变成一件完全不可预知的事情。海上风暴兴风作浪的时候，他创作了一首诗，一种以新风格和新思路而创作的诗,没有感官上的吸引力,也没有经典的意象,而是残酷的、现代的、幽默的,充满着令人惊讶的现实主义的暗喻和错综复杂的智慧。

"犹如来自坟墓中的载满罪恶的灵魂潜入一样
在末日,有人在他们的小屋向外窥视
并且颤抖着打探着消息,而听到的消息
就像嫉妒的丈夫不愿听的噩耗
有些人坐在舱口上,似乎在那里
用可怕的凝视就能驱逐恐惧
然后注意到船只的危险,桅杆
在寒风中摇摇欲坠
货舱积满海水,索具折断
像绷得太紧的高音弦骤然断裂
在我们破烂的风帆上,碎布坠落
就像一年前被施以绞刑之人落下的片片破布。"

这些诗行的手稿到处流传,广受赞誉。这只是多恩饱含热情的非凡的诗歌事业的开端,而在其全盛时期,多恩就任圣保罗大教堂的教长,这一事业也就结束了。

当多恩忙着玩转他特技般的对句时,埃塞克斯正在法尔茅斯和普利茅斯竭尽全力修复给予多恩诗歌灵感的那些破损的船只。朝廷给他寄来慰问信。塞西尔父子写了封礼貌的信件,而伊丽莎白也出乎意料地语气平和。罗伯特爵士告诉他："女王非常想让我们都喜欢你，因为我每天晚上都和她交谈，把你当成是我们的天使。"刚刚发生的一件事让她感到非常高兴，因此她才能以不同寻常的镇静态度来看待这场海军灾难。一位大使已经从波兰来到英格兰，他是一位仪表堂堂的人物，身着长长的黑色天鹅绒长袍，上面镶嵌着宝石纽扣，她非常庄重地接见了他。坐在她的宝座上，身边是她的女侍从，她的顾问和她的贵族，她优雅地认真倾听这位使者的长篇大论。他说拉丁语，讲得非常好。但是，当她继续听的时候，大为惊讶。她根本没有预料到他会说这些内容。没有一句恭维，相反，全部是抗议、规劝和批评，这有可能吗？一箩筐的威胁！在演讲中，她被批评为太过傲慢，被谴责为摧毁波兰商业的凶手，这位使者竟然告诉她，他的波兰陛下再也忍受不了她的手段。惊讶变成了愤怒。当这个男人终于不再说的时候，她立刻跳了起来。"好一场精彩的演讲！"她惊呼道，"你是来控诉我的吧！"然后一口气都没换，她开始倾吐出一大堆富含讽刺意味的拉丁文，其中的责备、愤慨和讽刺的客套话一句接一句，口若悬河，让人震惊。她的眼睛在发光，声音如雷贯耳。她周围的人都变得狂喜，就他们对她成就的了解来看，这种训练过的超凡的雄辩才能他们还没有领教过。不幸的大使不知所措。最后，当她说完最后一段时，停下来歇了口气，然后转向了她的大臣们。"累死我了，我的天！"她满意地微笑着说道，"今天我已经被迫温习了一下之前学习的拉丁语，长时间不说都已经生疏了！"然后她对罗伯特·塞西尔说，要是埃塞克斯能在现场听到她说拉丁语就好了。塞西尔巧妙地保证，他会把女王想要传达的意思全部传达给伯爵。他确实这样做了，而这一不寻常的场面的细节也在他的信中被记录并流传了下来。

带着些许不情愿，她同意舰队对西班牙再一次进行攻击。但他们现在力量太薄弱，根本无法在埃尔费罗尔登陆。为了摧毁港内船只，他们要做的就是把火攻船派遣到港湾，而后拦截印度的宝船队。埃塞克斯带着他的小舰队出发了，而风向再一次阻碍了他们的行程。在经历过巨大的困难之后，他们到达了西班牙海岸，但来自东边的一阵狂风又阻碍着他们向埃尔费罗尔港口靠近。他写了一封信到伦敦，说明了他的不幸遭遇。同时，也告诉女王他已经获得了西班牙舰队的情报，西班牙舰队已经前往亚速尔群岛去和宝船汇合，他打算立马跟随其后。伊丽莎白以她最君威但含糊的语气给他回了信。她说："当我看见东风刮得如此势气逼人，持续这么长时间完全不符合大自然的规律，我就像在水晶中看见自己的愚蠢的照影，因为狂热的非难就冒险抵抗超自然的力量。"换句话说，她意识到她没有深思熟虑而是在冒险行事。她就像"一个疯子，受到了太阳黄道中狮子座（当时是在八月）的推动力，在其疯狂的反常行为之后，还保留着其残留的滋味。"[①]

---

① 在天文学上，以地球为中心，太阳环绕地球所经过的轨迹称为"黄道"。黄道宽16度，环绕地球一周为360度，黄道面包括了除冥王星以外所有行星运转的轨道，也包含了星座，恰好约每30度，范围内各有一个星座，总计为十二个星座，称为"黄道十二宫"。太阳在黄道上自西向东运行，每年环"天"一周。在黄道两边的一条带上分布着十二个星座，它们是白羊座、金牛座、双子座、巨蟹座、狮子座、处女座、天秤座、天蝎座、射手座、摩羯座、水瓶座和双鱼座。

埃塞克斯不该对她不明智的纵容想太多。她提出"警告，这种疯狂的仁慈使你不够勇敢……而酿成很多的错误让我们承担……你总是很少关注我要做的和不要做的，这让我很烦恼。"他必须很谨慎。"目前在你第一次危险的尝试之后，你应该知道，不要再重蹈覆辙，在气候变化莫测的时候进行远征。否则一定还存在更多潜在的危险打击；一定要以自己的声望为重，当有好声望的时候要懂得满足，而这恰恰是你性格中不具备的品质。"她轻描淡写地教训了一下失败的埃塞克斯，"对此我不必多说，但是不管我的心情如何，我不会忘记因时制宜，我无暇告诉你们应该做什么，只能提出几点祈求，以最迫切的态度强调军队的种种需求，我也同样热切地祈祷你们安全归来，愿上帝赐予你们智慧去辨别'真实'与'臆想'。"最后，她公开表达了她的关爱，这种关爱似乎在委婉中流露出了真情。"不要忘记代我向我的得力干将托马斯和忠心耿耿的芒乔伊致敬。我有时太过自私，以至于忘记表达感谢。因为我总是不愿意接受别人的谢意，因此我也常常忘记表达我的谢意。但是现在，我向你和大众一起表达我的感谢，对于那些未曾说出的话，都在心里，同样真挚。"

她的话漂洋过海只为抵至他手中，当信件送到的时候，如果他能够读懂其背后的嘱咐，自然是最好了。在亚速尔群岛，不见西班牙舰队的踪影，但是宝船随时有可能出现。特塞拉岛[①]，作为

---

① 特塞拉岛是葡萄牙亚速尔群岛第三大岛，此岛位于直布罗陀的西方，距离葡萄牙1400千米处。

亚速尔群岛上的要塞,坚不可破。而且运输船只要能够到达港口,那么它就安全了,所以很显然英格兰人采取的策略是在它从美洲回来的那条西线上拦截它。他们决定在法亚尔岛①登陆,那里将会是一个很好的观察中心。整个舰队都在朝它前进,但是船队之间没法跟上。当雷利带领的分队到达了约定地点之后,埃塞克斯和其他人带领的船队却不见了踪影。雷利在那等了四天。之后由于缺少淡水,他带领军队攻打了法亚尔岛的市镇,并顺利拿下了。这是一个胜利的开端。雷利指挥有道,他和他的军队俘获了大量的战利品。之后,舰队剩余的人马也很快抵达了。当埃塞克斯听说发生的事情之后非常生气。他说,为了争夺荣誉和战利品,雷利抢先一步到达,而且故意抗令不遵,在总司令到达之前就私自攻击这座岛屿。这两个人的旧怨重新燃起,双方火药味十足。埃塞克斯手下有些肆无忌惮的党羽向他建议这样的机会不容错过——雷利应该受到军法审判并处以死刑。虽然埃塞克斯很生气,但是这么做未免太过分。据说他当时说,"如果他是我的朋友,那我可能会这么做。"最后,他们达成了一个协议。雷利必须要道歉,而且他这次成功的行动不能记录在官方的报道中,他所做的事情不能得到军功,只有他答应以上这些条件,埃塞克斯才能对他这次事件既往不咎。虽然达成了和解,但埃塞克斯仍然很难受。到目前为止,他还没有取得什么配得上他名声的成就——他没有获得一件战利品,也没有房获一个囚犯。但是,他得知还

---

① 北大西洋葡属亚速群岛中一岛屿。

有另一个岛可能很容易拿下,如果雷利拿下了法亚尔岛,那么他就去征服圣米格尔岛①。于是,他立马朝着圣米格尔岛出发了。"真实"与"臆想"是不同的!为什么他没有注意那些话?攻击圣米格尔岛是很愚蠢的行为。对于位于特塞拉岛东部的这座岛屿,去那里就相当于在宝船的路线上毫无监视。之前预期的可能出现的事情发生了。当英格兰人靠近圣米格尔岛的时候,载着大量贡品的印度宝船安全地驶入特塞拉海港。最后证明攻打圣米格尔岛非常困难,想要登陆都不可能,特塞拉岛固若金汤,一切都完了,他们什么也做不了,只能原路回国了。

是的!但是在这么长的时间内,西班牙舰队在哪里?它从未离开过埃尔费罗尔,它在那里准备了数年,最终以缓慢的速度完成了。当菲利普国王源源不断地发送急件催促他们加班加点赶工的时候,传来消息说英格兰舰队已经航行到亚速尔群岛了。他发现他的机会来了。这个可恨的小岛毫无防卫能力,在它面前畅通无阻。可以确定的是,现在他的敌人已经在他的掌握之中。他命令无敌舰队立即起航。马丁总督请求延迟一下再出发,他详细阐明了军备的不足,武器无法使用等问题,最后,他还请求解除他肩上承担的无法承受的责任,但这仍是徒劳。请求无果之后,虔诚的马丁被迫带领舰队进入比斯开湾,但他仍然对于目的地一无所知。只有到达时,他才被允许阅读国王的指令。他本应该直接驶往英格兰攻打法尔茅斯,并占领它,在击败敌人的舰队之后,

---

① 圣米格尔岛是葡萄牙的岛屿,属于亚速群岛的一部分。

再进军伦敦。无敌舰队继续向前航行，但是，当它靠近锡利群岛[①]的时候，一阵北风袭来。船只摇摇晃晃，船长们心如沉石。菲利普国王的准备工作确实不足。正如马丁总督所说，他们什么都缺，甚至缺乏最基本的航海技术还有与敌人对峙的欲望。敌人就像蜘蛛一样一直在织网，准备捕捉猎物。船只开始解体，然后下沉，北风的风力逐渐增强，并刮起了狂风。他们召开了让人绝望的紧急军事会议，马丁总督发出明确的返航指示。无敌舰队便悄悄地返回到了埃尔费罗尔。

由于焦虑和疾病，菲利普国王几乎失去知觉。他从歌剧院的包厢里往外看着高高的圣坛，痛苦地跪下，不停地祈祷。突然，他的麻痹症发作，动弹不得。他几乎不能呼吸，他无法吞下食物，他的女儿一直待在他的身边，用管道把流体的营养液从他的喉咙输进去，这才救了他一命。马丁总督回来之后，这个消息就传开了。但是国王似乎无法从人民那获得信息。突然又发生了变化，他睁开眼睛恢复意识了。他的第一句话就是："马丁一直没有出发吗？"大臣们要完成一个痛苦的任务，他们得向菲利普国王解释虔诚的马丁不仅出发而且还回来了。

[①] 锡利群岛位于英格兰康沃尔（Cornwall）郡西南方群岛，约由 50 座小岛和许多礁石组成。

第十章

埃塞克斯也回来了,而且不得不面对一个很难对付的女主人。在归途中偶然逮到的一些西班牙商船就是他能拿出来的所有表明其功勋的战利品,这次远征不仅花费巨大,而且使得英格兰暴露在外国侵略之下。伊丽莎白一直不愿意让舰队在那场大风暴后离开,但是她被众人说服了。而这就是离开的后果。她必然会愤怒。她对这次远征的总结如下:将领指挥不当,过失严重且不可饶恕,财产和声誉损失严重,而且让国家濒临危险,唯一的补偿就是她在这次行动中获得了教训。对于这个包含着各种危险和巨大花销的远征计划,她一直就非常怀疑,而最终也证明其毫无意义,再也不可能有第二次了。她对伯利勋爵说,她再也不会把她的舰队派出航道。后来有一次证明,她真的说到做到。

受到如此冷冰冰的谴责,埃塞克斯努力挣扎着为自己辩解,但发现毫无作用。他感觉受到了奇耻大辱,于是愤怒地退出朝堂,到伦敦东郊旺斯特德区的一栋乡间别墅隐居。在那里,他给女王寄了一封可怜的信。他说,她把他变成了"一个陌生人",

"我宁愿让我患病的身体和困扰的心灵去一些可以休息之地,也不愿意像今天这样出现在陛下面前,受到如此冷冰的待遇"。他补充说:"对我自己而言,向你诉说一些你不想知道的事真的很傻。"不过,他向女王保证,"我心依然,虽然我正在遭受着无情的对待,但是我还是像以前一样被您的美丽征服了。虽然您对我如此无情,纵然我已伤痕累累,但是我心永恒。陛下您的仆人埃塞克斯于星期日书于将躺卧数日的病榻上。"

"被美丽征服!"伊丽莎白笑了,但这并未起到抚慰的效果。令她特别恼火的是,她发现伯爵作为一个伟大的舰长,其受欢迎程度却丝毫没有减弱。群众把这次亚速尔群岛战役的失败归结为倒霉的运气、恶劣的天气和雷利的擅自行动,所有能想到的原因,除了最正确的那个——即统帅的无能。他们都是些愚民,而女王知道真相是什么。但是,她希望不是这样的。有一天,当她在白厅花园谈论这次出征亚速尔群岛的事,弗朗西斯·韦尔爵士便大胆地为这个不在场的男人辩护。她很优雅地听着,争论了一下,然后改变了她的语气,把弗朗西斯爵士带到了一条小路的尽头,和他一起坐下,聊了很长一段时间,谈论关于埃塞克斯的温柔和深情,他的行事作风、他的观点、他好奇的性格、他讨人喜欢的性情。不久之后,她写信给埃塞克斯,询问了他的健康状况。不久她又写了一封信,语气更加恳切了。在她的心里,她希望他回来,没有他的日子,生活变得很乏味,过去是可以遗忘的。她又写了一封信,字里行间透露出宽恕。埃塞克斯回复道:"最亲爱的女王,您的善良和经常性的书信问候与其说拯救了一个病人，不如说再一次点燃了一个半死之人对生命的热情。首先我非常开心，因为我明白了爱的真谛，我从未有一天、一个时辰不是心怀希望和嫉妒；第二，只要您好好待我，这希望和嫉妒就是我的生命中不可分割的伙伴。如果陛下能够用您温暖的心灵去滋养前者，同时，用您公正的爱将我从后者的虐待中解救出来，您将永远让我快乐……因此，希望陛下您事事如意，我怀着最恭敬的心亲吻您的玉手。"

女王陶醉其中。这样的表达，由于他们之间所有暧昧的措辞，变得愈加诱人，使得最后留存的一丝憎恨都烟消云散了。他必须立马回来，而她也准备了一场令人感动且完全满意的和解活动。

但是她不应该过早地表现出自己的高兴心情。当埃塞克斯明确地知道女王希望他回来的时候，站在他的角度，他反而变得疏远和爱抱怨了。他的身边围着一群顾问，却都没有弗朗西斯·培根聪明，他的母亲、姐妹、还有依靠他庇护的莽撞的军人，他愿意倾听他们的建议，并开始玩一种口是心非的手段。他的那次海盗之行不争的失败事实只会让他更急于证明自己。他写的信中虽夹杂着真诚的忏悔和做作的奉承，却已经产生了预期的效果。女王希望他回来；非常好，她可以有她自己的愿望，但她必须为此付出代价。他认为对于他来说，他受到了天大的委屈。在他远征的那段时间，不仅罗伯特·塞西尔已经当上了兰开斯特公爵郡大臣，而且在他回国一周之前，霍华德·埃芬汉爵士也已经受封为诺丁汉伯爵。真是够了。在这次升职的众多理由之间，有一条特别提到了成功占领加的斯。但是整个世界都知道加的斯的成功占领只归功于埃塞克斯一个人。没错,公文也非常自然地提到过西班牙无敌舰队的战败。霍华德已经年过六旬,授予其伯爵爵位看起来似乎是对他一直以来在公共服务事业上做出杰出贡献的一个适当的奖励。暂且可以这样解释。但是另一个更严重的问题还处于争论中,而实际上这个问题非常清楚,住在旺斯特德别墅的这些狂热分子都是这么认为的:整件事情都已经提前安排好了,这是故意冷落埃塞克斯。在加的斯远征之前,霍华德就已经试图利用其海军上将的身份,想比埃塞克斯高一等,然而,埃塞克斯则以其伯爵身份坚决抵抗其僭越行为。但是,现在对此已经是毫无问题了:如果海军上将有了伯爵称号,那么按照法律来看,其身份便高于所有其他的伯爵,除了掌玺大臣、管事大臣和监礼大臣,因此埃塞克斯不得不让位给这个暴发户诺丁汉。如果在这种情况下,他拒绝回到朝堂,那么谁可能感到惊讶呢?他拒绝被侮辱。如果女王真的希望看到他,那么她早就应该不让这样的局面发生。她应该通过某种行动表示其对埃塞克斯的青睐,向世界展示,埃塞克斯的地位并没有由于那场亚速尔群岛战役而受到削弱,反而比以往任何时候都要牢固。

据说,埃塞克斯现在身体仍然很不好,要从旺斯特德去其他地方根本不可能。伊丽莎白皱着眉头。她的登基日——十一月十七日快要到了,这惯常的庆祝将会少点什么,毫无疑问一定会少点什么,少点……但是她不想去想。她变得焦躁不安,而且宫廷里似乎笼罩着一场暴风雨。埃塞克斯的回归逐渐成为每个人最在乎的事情。亨斯顿勋爵巧妙地对伯爵进行了规劝,但也只是徒劳。然后伯利勋爵很幽默地写道:"据报,我听说阁下您身体不适,不过,我相信多吃些温热的食物你就会很快恢复过来的。"但是女王登基之日举办了一年又一年,埃塞克斯却始终没有出席。伯利勋爵又写了一封信给埃塞克斯,甚至连诺丁汉都用精美的伊丽莎白时代的文体给埃塞克斯写了封信,表明他对待友谊的真心。他怀疑"有人使用卑鄙的手段使得您对我的印象不好,但是,请您明鉴,关于您的一切事情,如果我不是站在您的角度支持您,就让我永远上不了天堂!"在大家的猛烈劝说之下,目前埃塞克斯的意志力也被削弱了,他向大家表示,如果女王陛下明确表示希望他回来的话,他愿意再次回来。然而伊丽莎白变得趾高气扬。她再也不提埃塞克斯的事了,她还有其他的事情要考虑,她必须要把所有的精力投入到与法国大使的谈判中。

和法国大使打交道确实需要点技巧。新的外交形势正在形成,而且充满了不确定性,伊丽莎白发现此时比以往任何时候都难以做出决策。菲利普国王的身体在他的舰队回到埃尔费罗尔后出人意料地恢复了。他召见马丁总督,朝臣们心想马丁这次恐怕是难逃绞刑了。但是情况完全不是这样,这次面谈完全是在讨论来年春天入侵英格兰的问题。第四艘无敌舰队将会准备好。他们需要做大量的准备,需要弥补过去的不足,而这一次,必须赢得胜利。国王已经拟定好一项国家计划,以决定必须采取哪几步来确保远征的成功。"第一步,"将这份非凡的文件付诸实践,"应把这项重要的行动告知上帝,努力修补我们的罪恶。但是,既然国王陛下已经为此下了军令,而且还钦点了一位经验丰富的司令统帅,现在唯一必须要做的就是确保这一军令行之有效并再一次广为传播。"接下来,必须要筹得一大笔钱,"而且要通过各种合法渠道以最快的速度尽快筹集。为了检验手段的合法性,必须召集神学家委员会,很多的事情都要与他们商量,而且要采取他们的意见。"当然,在处理这些事情的时候,有如此智囊团作为后盾,这项计划必定能够成功。

但是,当对英格兰的袭击就要酿成的时候,菲利普国王却越来越担心与法国之间的和平问题。亨利四世逐渐地巩固了自己的地位,他拿下亚眠①,迎来了公开谈判。就法国方面而言,它是希望和平的。他知道自己可以取得和平,但是,在缔结和平条约之前,很有必要咨询他的两个同盟——英国和荷兰。他希望能够说服他们达成和解,为了这一目的,他派遣了一个特使德·迈斯去伦敦。

如果德·迈斯希望他的建议很快得到回复,那么他注定会失望。他在英格兰王宫中受到了尊重和热情的款待,但是,当他提出的问题越来越明确的时候,得到的回复却变得越发模糊。他与伊丽莎白见过好几次面,而女王确实也没有装聋作哑。相反,她非常健谈,对于每个问题都谈得很起劲,唯独除了目前手头中的问题。女王从一个话题到另一个话题口若悬河,从音乐到宗教,

---

① 亚眠:(Amiens,又译阿棉或亚棉)法国北部城市,北部-皮卡第大区索姆省(Somme,80省)的省会和该省人口最多的市镇。

从舞蹈到埃塞克斯，从基督教国家的状况一直谈到她自己取得的成就，大使一开始很疑惑，接着很震惊最后深深地被吸引了。她提到了菲利普国王，她说他已经尝试了十五次要谋杀她。"这个男人一定很爱我！"她笑着补充说道，带着叹息。那些在宗教上重要的分歧让她觉得很遗憾，她觉得这些分歧来源于一些琐事。她引用了贺拉斯①的一句名言："昏君闯祸，黎民遭殃。"是的，说得实在是太正确了。她的人民正在遭受苦难，而她爱她的人民，人民也同样爱她。与其因为一点小事而减少相互之间的情感，还不如让她去死。然而，这种感情再也支撑不了多久了，因为她已经是走到坟墓边缘的人了。还没能等德·迈斯说上一句劝慰话，她便大声惊叫道："不，不！我觉得我不会这么快就死去！大使先生，我并没有你想象的那么老。"

对于德·迈斯来说，女王的服装一直让他非常震惊，他时常在他的日记里做记录。他发现她一生当中从来没有丢弃过一件裙子，她的衣柜里面挂了大概三千件。有一次，他经历了一件让他更震惊的事。当他奉召参加一次正式会见的时候，他发现伊丽莎白站在一扇窗户旁，穿着不同寻常的礼服。她黑色的塔夫绸的裙子是意大利风格的裁剪，上面饰有宽宽的金带，袖子是开口的而且内衬是深红色的。外衣的前襟从上至下全部是敞开的，里面穿的是白色的花缎，它同样是开口的而且一直到腰部，而在花缎里

---

① 贺拉斯：(Quintus Horatius Flaccus) 古罗马诗人、批评家。其美学思想见于写给皮索父子的诗体长信《诗艺》。

面穿的是白色衬衫，同样也是开着的。这个震惊的大使根本不知道要往哪里看。不管他什么时候瞥见女王，他似乎都觉得自己看到太多不该看的，而且尴尬的氛围还在持续上升，因为她会时不时故意地在她说话的时候把头往后扬，抓住她裙子的衣襟，然后拉开，因此，就像他描述的那样，"她的整个上身一览无余"。她的服装搭配了一头垂至肩部的红色假发，而且镶满了璀璨的珍珠，还有几串珍珠缠绕在她的手臂上，她的手腕上戴着镶有宝石的手镯。当德·迈斯来了之后，她非常友善地与他谈论了几个小时。这个法国人确信她在试图蛊惑他。也许真的是这样，又或者是那个早上当她穿上衣服的时候，这个让人难以理解的女人只是觉得有点迷糊和异想天开。

埃塞克斯不在王宫影响到了国内形势，在这种情况下，德·迈斯感受到了一种紧张的氛围。伟大的伯爵徘徊在伦敦郊外，自己给自己制造了一次模棱两可的流亡，充满了恐惧、希望和猜测。很显然女王对这个话题直言不讳，但是意图不明。她向大使保证，如果埃塞克斯在"亚速尔群岛战役"期间真的没有履行职务，那么她早就要了他的脑袋，但是她已经非常深入地讨论了这个问题，并得出结论。她似乎很冷静，她对伯爵要处以死刑的暗示似乎只是半开玩笑的虚张声势，而后立即转移话题。朝臣更加焦虑。国外有一些奇怪的谣言。据小道消息说伯爵最近已经宣布了要往西出发，而且声称有很多效忠朝廷却领着微薄俸禄的绅士追随他，所以在靠近伦敦的地方再待下去会有危险。这些轻率的评论被埃塞克斯的敌人在各地传播。但是之后也就没有后话了，而他也一直待在旺斯特德。

整个十二月，德·迈斯一直在努力挣扎着想要从伊丽莎白那得到一些明确的表态，然而无声的暴风雨还在继续。有那么一回，埃塞克斯认为他与诺丁汉之间的分歧或许可以通过单挑来解决，由于这个提议太奇怪，便没有被采纳。诺丁汉自己变得很暴躁，躺在病榻上，而且嘟囔着说要去乡村。最后，非常出乎意料的是，埃塞克斯出现在了宫廷之中。大家立刻就知道他战胜了对手。在二十八号的时候，女王封他为英格兰的马歇尔伯爵。这一职位已经搁置多年，而埃塞克斯在这个时候被授予这一职位确实体现了皇家的器重。因为这一任命，埃塞克斯对于诺丁汉的领先地位自动恢复了。海军上将和马歇尔伯爵这两个职位根据法令是处于同一级别，而既然两者都是由伯爵担任，那么它遵循一个原则，那就是一把手的位置属于职位受封最早的那个。

几天之后，德·迈斯准备出发，他的任务还一无所获。他拜访了埃塞克斯，跟他告别，埃塞克斯怀着非常忧郁的心情礼貌地接待了他。伯爵说，巨大的乌云已经悬挂在他的头顶，不过现在正在消散。他不相信西班牙与英格兰之间有和平相处的可能性，但是他不愿意参与这类谈判，这些都没有用，这都是说给圣父圣子听的。然后他停下来了，很沮丧地接着说"王宫有两大顽疾——拖延和反复无常，而原因就是统治者是个女人。"德·迈斯暗自记住了伯爵说出这句结合沮丧、愤怒和野心的话，然后恭敬地退下了。

伯爵可能还是很乖戾，但是伊丽莎白现在精神状态很好。过去两个月的牵肠挂肚——这段持续时间最长而且最令人焦虑的难过分离已经结束了,埃塞克斯又回来了,一种新的令人愉快的热情爆发了。法国可能在等待。她可以派罗伯特·塞西尔和亨利前去交谈。同时,她高兴地看着四周,寻找一些能够释放自己能量的对象,有了,苏格兰的詹姆斯在那!那个荒唐可笑的年轻人又在耍他的小伎俩。她要给他一个教训。她听说,詹姆斯已经派出一名特使去欧洲大陆游说,宣称其继承英国王位的权利。伊丽莎白煽动着自己的情绪,并且越来越愤怒,她抓起了笔,写了一封信给苏格兰国王:"当我第一次听到这种奇怪而且不寻常的声音,我觉得很不习惯,我觉得这只是流言造成的无稽之谈,流言总是快速地传播坏名声,但事实不是这样。"她继续说,"我很遗憾,你竟然会故意地放弃现在拥有的一切,而让自己陷入名誉扫地的无底深渊,难道你做这一决定不是在意气用事吗?我很清楚我们俩有着非常不同的性格,真的有必要派使臣遵循你的指示访问各国君主吗?说实话,你为人轻率,满嘴胡言对人进行非难,恶名已经传遍很多国家,而我怀着真挚的情感和非凡的关爱一心为你的安全考虑,就像是一抹阳光足够驱逐你制造出的阴霾。老实说,现在与你交手的国王是一个无法忍受不公平,不允许名誉受损的人。最近我在一个远比欧洲很多君主有能力和魄力的君主身上,看到了难忘的事例。因此,你不要觉得我对此等放肆行为会听之任之,我建议你好好地想一想如何处理。"

在呵斥了詹姆斯国王一番之后,女王觉得可以对付亨利国王了。她派遣罗伯特·塞西尔作为她的特使去法国,这位国务大臣非常赞同而且满怀感激。不过，他内心却是不安的，他并不想让伯爵在国内控制政局，而自己却要长期待在国外。而且，当他严肃地思考他的派遣任务时，他在想他能做出什么成绩来。他决定以坦率的态度在敌手面前展现自己的焦虑。计划生效了。埃塞克斯微笑着回忆起在他不在宫廷的时候，塞西尔是怎样得到了兰开斯特的国务大臣职位和公爵领地，然后以一种慷慨的高贵发誓说，他不会先行一步的。然而塞西尔仍然觉得不舒服。事实上，在那个时候，大量有价值的胭脂虫红染色剂的货物从印度运来送给女王。他建议将胭脂虫红染色剂按每磅十八先令计算，以五万英镑的价格卖给埃塞克斯，当时一磅胭脂虫红染色剂的市场价格在三十到四十先令之间；他还建议，应该赠送价值七千英镑的这种宝贵物品给埃塞克斯作为礼物。伊丽莎白立马就同意了，伯爵发现自己因为其给予的比虚无的骑士精神更重要的东西——实实在在的利益而感激国务大臣。

当塞西尔已经乘船到了法国的时候，一个最令人震惊的消息传到了伦敦。一艘载有三十八架快速平底船与五千名士兵的西班牙舰队正在往海峡驶来。伊丽莎白的第一个想法是找到她的国务大臣。她发出紧急信息，禁止他离开英国，但他已经上船了，没有遇到西班牙舰队，并安全地抵达了迪耶普[①]。他立即向他的父亲发送了一份敌方军备的详细说明，在信的封面上写道："急件，十万火急"，并且画了一个绞刑架，暗示信使，如果他在路上磨蹭后

---

① 迪耶普：(Dieppe) 法国北部城市。临拉芒什海峡（英吉利海峡）的港口。

果很严重。伦敦方面立马采取了行动。政府的磋商很简短而且切中要点：各方面都发出了命令，没有人问神学家的意见。坎伯兰勋爵被告知，他可以调用所有的船只去追赶敌人，诺丁汉勋爵赶到格雷夫森德，科巴姆勋爵到了多佛尔，雷利被委任在整个海岸沿线供应补给品，埃塞克斯准备在任何可能发出攻击的地方回击。但是，这个警报来得快去得也快。坎伯兰的中队发现了加来港以外的西班牙舰队，将十八艘船打得沉入海底，其余的船挤进港口，从此他们再也不敢冒险露面。

埃塞克斯信守他的诺言。塞西尔不在期间，他代理了国务大臣职位，但并没有试图在这种情况下捞取利益。事实上，他的兴趣在其他地方，相比政治他更喜欢谈情说爱。在一五九八年早期的几个寒冷月份里，他在宫廷里用身体取暖，玩弄女性。关于他的谣言很多，而且是丑闻。据了解，他曾经和他的情人伊丽莎白·索斯韦尔有过小孩。人们怀疑他同玛丽·霍华德女士和另一位女士拉塞尔之间有过激情。王宫中的八卦报道说："他那最美丽的布里奇斯"确实再次俘获了伯爵的心。当他在花天酒地中度日时，埃塞克斯夫人和女王内心充满了不安。伊丽莎白高昂的精神突然崩溃了，不管是欧洲的形势还是白厅的形势，都没有带给她半点慰藉，她变得喜怒无常、多疑和暴力。因为一点非常小的疏忽，她便痛骂身边的侍女，直到她们大哭起来。她在相信她在埃塞克斯和玛丽·霍华德夫人之间发现了奸情之后，根本无法控制她的愤怒。不过此刻，她决定不久之后再复仇。有一天当玛丽女士穿着非常漂亮的、镶着丰富多彩花边的天鹅绒连衣裙，脸上搽着珍珠粉和金粉出现的时候,她的机会来了。女王陛下什么也没说,但是第二天早晨,她让人把这件衣服从玛丽女士的衣柜里偷偷拿出来,带给她。那天晚上,她穿着玛丽女士的礼服高视阔步地走来,震惊了整个王宫。穿出来的效果很奇怪,她比玛丽女士高得多,衣服根本不够长。"唔,女士们,"她说,"你们觉得我的新衣服怎么样啊?"然后,在能听得见喘气声的沉默中,她逼近玛丽女士。"啊,我的夫人,你觉得呢?这件衣服难道不是太短了而且很难看吗?"这个不幸的女孩结结巴巴地表示同意。陛下喊道:"那么,要是这件衣服太短不适合我,我想也永远不会成为你的,因为它太好看了,所以对谁都不合适。"说罢,她便再次昂首挺胸地走出大厅。

这样的时刻令人心神不宁,但是埃塞克斯仍然有办法平复现场的骚动。春天快要到了,人们可以暂时忘记感情和政治的混乱,变得无忧无虑,快快乐乐。在一个特别容易说服人的时机,伯爵已经说服女王答应帮他一个忙。她同意去看他的母亲——那个十分讨厌的莱蒂斯·莱斯特,她已经将她驱逐出她身边多年。然而,当提到这件事的时候,伊丽莎白是极不情愿的。莱斯特夫人屡次到枢密院画廊,她站在那里等着女王陛下经过。但是,不知道出于什么原因,女王陛下总是走另外一条路。最后决定由钱多斯夫人准备好丰盛的晚餐,这样女王和莱斯特夫人就能在晚餐上见面。万事俱备,皇家御用马车正在等候,莱斯特夫人站在门口,手上戴着一串美丽的珠宝,那价值三百英镑。但是女王发话说她去参加宴会了。埃塞克斯已经病了一天了,当他听到发生的事情之后，便从床上起来，穿上他的睡衣，然后进宫觐见女王。然而并没有用，女王就是不想去，因此，钱多斯夫人的晚宴不确定地延迟了。接着，伊丽莎白又在一瞬间大发慈悲，允许莱斯特夫人进入王宫。她走到女王跟前，亲吻了她的手和胸部，然后拥抱她，而女王也亲吻了她作为回应。这次和解非常美好，但是这种美好的日子又能够持续多久呢？

同时，塞西尔在法国完败，正如德·迈斯在英格兰完败一样。他回来了，没有任何功绩，五月初，事情不可避免地发生了——亨利脱离了他的联盟，并且通过《韦尔万条约》①与西班牙和平共处。伊丽莎白的评论一点也不温和。她说，法国国王是忘恩负义的反基督徒，她曾经帮助过他夺得皇位，但是现在他却抛弃了她。这是事实，但是狡猾的贝亚恩像其他人一样，正在玩自己的游戏。然而，伯利勋爵相信，对于这种无穷的责骂是不够的。他希望和平，并且相信现在效仿亨利的例子还不算太晚。他认为，菲利普完全做好了准备以达成合理的条款。这只是伯利勋爵的意见，而埃塞克斯是强烈反对的。他竭力主张另一个完全相反的政策——发起一场有力的进攻——一场伟大的军事行动，这将使西班牙臣服于其膝下。首先，他提出立即袭击印度群岛。于是，伯格利马上委婉地暗示了亚速尔群岛战役。因此，伯爵和塞西尔父子再次开始了一场漫长而激烈的斗争，这一斗争使会议桌

---

① 西班牙为了脱离一连串冲突的困局，在1598年与法国签订《韦尔万条约》，承认亨利四世（1593年开始成为天主教徒）为法国国王，并恢复《卡托-康布雷齐和约》中很多条款。

成了战场,和平与战争的问题,英国的命运以及心怀不轨的大臣们的野心等问题都陷入巨大的争议中,而女王则坐在高脚椅上,听着他们的争论,时而赞成,时而非常反对,在两边摇摆不定,从不做决定。

几周之后,争论还在继续。埃塞克斯的王牌是荷兰。我们是否要对荷兰人重复亨利曾经对我们耍过的把戏?我们是否要任我们的新教盟友让西班牙人宰割?伯利勋爵回答说,荷兰人可以加入一项全面的和平协议:他建议爱尔兰来对抗荷兰。他指出,爱尔兰叛乱正在消耗着英国的资源,唯一有希望有效阻止这颗溃烂脓疮的办法就是与西班牙讲和,由此将剥夺叛乱分子在西班牙的金钱和援助,同时,英国可以全力以赴彻底征服这个国家。当前发生的事让他的话更有分量。伯勒总督突然死亡,都柏林混乱不堪。而阿尔斯特①反叛分子的领导人泰龙,在暂时休战后又重新展开了敌对行动。六月份,据消息说他被围困于英格兰在爱尔兰北部的主要据点之一的布莱克沃特河堡垒,而且驻军处于困境。没有任命新的总督,应该选择谁担任这一最困难的职位?伊丽莎白受到严重困扰,发现自己根本无法决定。似乎爱尔兰的问题很快就会变得像西班牙问题一样难以忍受。随着夏天的天气越来越热,这一问题在会议中的讨论也变得越来越白热化。不管哪一方都愤怒得快要爆炸。有一天,在埃塞克斯就他最喜欢的话题——

---

① 阿尔斯特:(Ulster)爱尔兰古代省份之一。包括今爱尔兰共和国的阿尔斯特省和北爱尔兰的6个郡。

与西班牙和平相处的可耻行为,发表了一篇充满激情的长篇演说,伯利勋爵从他的口袋里抽出一本圣经,并用颤抖的手指指着诗篇中的第五十五篇中的一段话。埃塞克斯读道:"残忍和虚伪的人,必活不过半生。"他愤怒地对这些非难置之不理,但其他人却都印象深刻,而且后来还有一些人回忆起那位皇室财务老臣所预言的话,对其充满了敬畏和惊愕。

埃塞克斯觉得他被人误解了,于是编了一本小册子来解释他的观点。这是一本文笔华丽的作品,但是他没有说服那些之前就不相信的人,一个也没有。对于女王来说,她仍然摇摆不定。荷兰人派来一名使者转告她,如果她愿意继续打仗的话,他们将提供一大笔钱。这一点很重要,而她似乎在改变主意决定执行反抗西班牙的政策,但是这也只是看起来而已。她的优柔寡断再一次让她转变态度。

她的神经变得烦扰,脾气非常暴躁。很显然,一切正在朝着令人震惊的高潮发展,而王宫里的所有人对此都已经心知肚明,而当他们恐惧地等待时,高潮真的来了。但是这一次的高潮,从性质上看,是任何大臣都想象不到的,当他们听说了这个令人难以置信的消息时,仿佛地球在他们的脚底裂开。爱尔兰总督的任命问题迫在眉睫,伊丽莎白觉得必须要做点什么了,于是在每个可能的场合她都不断地谈到这个问题,却没有任何结果。最后,她认为她已经决定威廉姆·诺利斯爵士即埃塞克斯的舅父就是那个合适的人选。当她在枢密院提到这个的时候,她与埃塞克斯、海军上将、罗伯特·塞西尔以及监印官托马斯·温德班克都在场。如同经常发生的那样,他们都站起来了。埃塞克斯不想在朝堂之上失去他舅父对他的支持,于是提出了让乔治·卡鲁爵士去,他是乔治·卡鲁爵士塞西尔父子的一名追随者,他想,如果卡鲁不在爱尔兰的话,会给国务大臣带来不便。女王不会听他的,但是埃塞克斯还在坚持自己的意见。每个人都很恼火,他们都想推荐自己的候选人,说话声音越来越大,最后,女王很严肃地宣布,考虑到诺利斯各方面的能力,他也应该去。埃塞克斯恼羞成怒,带着轻蔑的表情和姿势,转过来背对着她。她立刻扇了他一耳光。"见鬼去吧!"她大声叫喊道。那个愤怒的年轻人大发雷霆,一边咒骂一边握住佩剑。"这是暴行,"他当着君主的面喊道,"我绝对不能忍受!"诺丁汉打断了他的话,把他向后推。伊丽莎白没有动摇。接着是一阵令人窒息的沉默。然后他从房间里冲了出去。

虽然埃塞克斯的行为是前所未有的,然而还有一个事实让宫廷惊讶,因为女王的反应是不同寻常的,因为她什么也没做。伦敦塔、镣铐,天知道有什么样的惩罚,这些人们都能自然而然地想到,但什么也没有发生。埃塞克斯消失在这个国家,女王包裹着不可思议的神秘面纱,继续着她平常的工作和娱乐活动。她脑子里在想什么?她是否已经被吓坏了?她已经被愤慨的激情所打败?她是否在为了复仇而等待时机?这是不可能猜到的。她照常生活,直到……受到了困扰。最后不可避免地,还是发生了巨大的不幸,伯利勋爵快要死了。随着年纪的增长,痛风以及职务的操劳把他折磨得精疲力尽,他正在迅速地沉入坟墓。四十多年来，他一直是她最值得信赖的顾问，真不敢相信已经这么久了！当她还不是英国女王时，他就在她身边了。他是她的"灵魂"，她一直这么称呼他，现在她的"灵魂"就要永远地离开她。再也没有可以听取意见的人了。在绝望中，她还抱着一线希望，她为他祈祷，她时常去拜访他，带着满腔的挚爱，带着来自一个漂亮的老女儿奇怪的关怀，守护在他的床边。罗伯特爵士给他带来了野味，但是他太虚弱了，无法把食物送到他的嘴里，于是女王亲自给他喂食。伯利勋爵给儿子最后的信中写道："我请求你费点心，务必让陛下知道我确实无以为报她独一无二的善良，虽然她不想做一个母亲，但她用她高贵的手小心翼翼地喂养我，就像一个细心的保姆。如果我还可以自己照顾自己，我将能够更好地为她效忠；如果不行，我希望在天堂成为她和上帝教会的仆人。在此谢谢你送来的鹧鸪野味。"

当葬礼结束的时候，伊丽莎白痛哭了起来，久久不能平息。她的眼泪还在流淌，当伯利勋爵去世后仅仅十天，另一场灾难又落在了她身上。爱尔兰发生了一场可怕的灾难。亨利·巴格纳尔爵士为了救援布莱克沃特河上的要塞，在前往一个军队驻扎地的时候遭到了泰龙的攻击。他的军队已经被歼灭了，他自己也被杀了。反叛者在整个北爱尔兰，一直延伸到都柏林城，都畅通无阻。这是伊丽莎白在整个统治时期遭受的最严重的失败。

这个消息很快便传到了白厅，也传到了埃尔·埃斯科里亚尔王宫。菲利浦国王的痛苦终于结束了。他那可怕的疾病对他的蹂躏完全击垮了他。他从头到脚都是腐烂的脓疮，在床上奄奄一息地躺着，承受着无法言语的折磨。他的床已经被搬到了祈祷室，这样的话，他垂死的双眼就能够在这个神圣的祭坛上休息到最后一刻。他周围都是僧侣、牧师、祷告者、圣歌和圣物。五十个日日夜夜，这非凡的景象还在继续。他临死的时候和活着的时候一样——绝对虔诚。他问心无愧：他一直恪尽职守、兢兢业业，他只因实践美德和上帝的荣耀而存在。有一个想法一直困扰他：他是在焚烧异教徒的时候懈怠了吗？毫无疑问，他焚烧过很多人。但是，他可能还要焚烧更多。也许，是不是这个原因，他没有做到他希望的那样成功？这个问题确实让人捉摸不透，他不明白他的帝国似乎出了什么问题，从来都没有足够的钱，荷兰人、英国女王……当他沉思的时候，有人送来了一份文件。是来自爱尔兰的信件，信件带来了泰龙胜利的消息。他往后一躺陷在了枕头里，满脸喜悦，一切都很好，他的祷告和他的美德得到了回报，风水终于转过来了。他口述了一封信给泰龙表示祝贺和鼓励。他答应立即给予救援，并且预言了异教徒的灭亡以及异端女王的毁灭。第五支西班牙无敌舰队远征……他没法再多说了，全身都沉浸在昏迷的痛苦折磨中。当他醒来的时候已经是晚上了，他下面的祭坛上有人在唱着圣歌。一只神圣的蜡烛被点燃，蜡烛的火焰随着他慢慢地靠近，在他的脸上投下了阴暗的阴影。因此，在狂喜、折磨、荒唐、伟大、快乐、悲惨、可怕和圣洁的心情之中，菲利普走了，去和三位一体相见了。

第十一章

埃塞克斯已经去了旺斯特德。在那里，他一直处于不安、不确定和不快乐的状态之中。他纠结矛盾的心情变得比以往任何时候都更加极端。有一段时间，他觉得无论如何自己都必须投身于女主人的膝下，他必须要重新获得她的感情，她的陪伴，以及一直以来这个职位带给他的种种甜头。他不能，也不愿认为他错了，她侮辱了他，这让他不能忍受。然后，当他郁闷地思考着所发生的事情时，心中燃起了愤怒之火。他要告诉女王他对她的看法。他不是一直都这么做的吗？自从十多年前的那个夜晚，当雷利就站在门口的时候，他就是这样激动地斥责她的。那么现在他还是会和以前一样怀着满腔热血责骂她，但是也会适当地以一种更加深刻和悲伤的口吻。他写道：

"女王陛下，当我想到世间万物，我只为美丽的您倾心，您对我日益增加的爱意是我生活快乐的唯一来源，我想没有什么理由能够让我与您分开哪怕一天。但是，当我想起女王陛下对我和对您自己犯下的不能忍受的错误,不仅仅破坏了一切感情的法则,而且也侮辱了您的女性地位的时候,我认为所有的地方都比我所在的地方更好,各种危险我都愿意承受,因此,我可能不会再记得那些虚伪的、变幻无常的和令人陶醉的快乐……我从来没有骄傲自大,直到女王陛下把我变得如此卑微。现在,既然我的命运没有变得更好,我现在的失望也必然和当初爱慕的一样,无怨无悔……我必须要把我的信念交给看透世人心的上帝评判,因为在这尘世上,我看不到正义的存在。祝福陛下在这世间诸事顺心,笑口常开,懂得您所失去臣子的忠诚以及您身边臣子的卑劣,不要再因为您的误解而给我更大的惩罚。

"陛下您最谦逊的臣子,埃塞克斯。"

当他得知布莱克沃特河发生溃败的消息时,他又给她写了一封信,想为国家效劳,并赶到了白厅。女王没有答应。"他戏弄我够久了,"有人听到伊丽莎白说,"现在我打算也陪他玩一会儿,他靠的是他的勇气,我靠的是我的显赫地位。"他写了一封长长的劝诫信,还引用贺拉斯的警句,并发誓誓死效忠。"我留在这个地方没有其他目的,只是为了听从您的命令。"女王口头给了他回复。"告诉伯爵,我很尊重自己,就像他尊重自己一样。"埃塞克斯再次写信说道:"我承认,作为一个男人,我更加臣服于您的自然之美,而不是臣服于您作为一个女王的力量。"女王友好地接见了他,旁观者认为他们再次重归于好。但并非如此,事实是,他比以往任何时候都更愤怒地回到了旺斯特德。

很显然，伊丽莎白正在等着他道歉。然而他并没有这么做，他们之间因此形成了一个僵局。朝堂之上的温和派认为，现在正是时候努力诱导伯爵认清当前的形势。因此，掌玺大臣埃杰顿写了一个煞费苦心的请求。埃塞克斯难道不明白吗？他现在的处境危险重重？他难道不知道他现在的道路危机四伏吗？他是不是已经忘了自己的朋友了？是不是已经忘记自己的国家了？他只有一件事要做，那就是他必须要请求女王的原谅，不管他是对是错都不重要。"你们不是曾经为自己辩解但是仍然遭到诽谤吗？这是为什么呢？因为你们所能做的事情太少了，永远满足不了她。""你知道为什么会有诽谤吗？用计谋、责任以及宗教迫使你屈服，服从于你的君主，你们之间是不存在承担责任的比例的。"埃杰顿总结道，"亲爱的阁下，问题在于战胜你自己，这才是所有真正的勇气和毅力的最高境界，你所有光荣的行动都将朝着这个目标前进。这样做的话，上帝将会很满意，陛下也会很满意，你的国家将繁荣昌盛，你的朋友也会倍感欣慰，你自己也会得到荣誉，你的敌人，如果说你有的话，也会在他们苦乐参半的希望中失望。"

埃塞克斯的回答非常精彩。他说话的详尽程度不亚于掌玺大臣，他反驳了来信所有的论证。他否认他在做的事情不利于自己或朋友。他说，女王的行为使得他别无他法。当女王"迫使他进入一种孤独的生活状态的时候"——在女王"解雇、罢免他的职位还剥夺他的权力"的时候，他又如何报效国家？他继续说道，"我对女王陛下必须履行的义务就是对她忠诚，对于这一点我永远不会,也不能背叛。日夜陪在女王身边并不是一项必须履行的义务。我应该对她履行的,是作为一位英国伯爵和监礼大臣的义务。我很愿意做女王陛下的一名职员,但是我无法为了她去当一个坏人或者奴隶。"他一边写,一边愈加激动了。"但是你说,我必须要臣服。我既不能够让自己充满罪恶感的屈服,又不能让强加在我身上的非难变得公正……""你不是问我,当我尝试辩解的时候为什么反而遭受到了诽谤吗?不,我没有做任何的辩解……我默默地承受着一切,敏感地感受着一切,然后当这些诽谤扑向我的时候,我照单全收,毫无怨言。"现在他再也控制不住自己了,"当所有最邪恶的轻蔑和侮辱都指向我,宗教会迫使我进行控告吗?"他心里的愤怒突然倾泻而出。"上帝是这么要求的吗?不这么做就是不虔诚吗?君主就不会犯错吗?臣子就不会遭到不公正待遇吗?尘世的权力和权威是无限的吗?""亲爱的阁下,请恕我永远无法赞同这些规则。让所罗门的弄臣在遭受苦难的时候还放声大笑吧,让那些想要从君主身上赚取利益的人表现出对君主的伤害毫不在意吧,让他们承认人世间无限的绝对性,而不相信天堂的绝对无限性。对我来说,我感觉到我受到了不应有的待遇。我知道,我的仕途很好。无论如何,人世间的一切权力在压迫中所表现出的力量与坚定,永远不可比我可能或必须要忍受强加在我身上的苦难时所表现出的力量和坚定更上一层。

当然这些都是豪言壮语,但却是危险的、不详的和不明智的。在一个冷静的都铎王朝王室成员眼皮底下炫耀共和主义的情绪会有什么好处? 这样的争辩不是太早就是太晚,总之不是时候。汉普登本来会做出回应。但事实上，与罗伯特·德福鲁愤怒之笔对话的是过去而不是未来。蔑视君权神授的血液正在他的心中涌动。是的！如果王权只是一个出生的问题，为什么英国古代贵族的继承人要在威尔士的一些主教管家的后裔面前鞠躬呢？这只是他胡乱的猜测——中世纪最后一点放肆精神在贵族身上一闪而过。但这已成为往事，他愤怒的想象力更倾向于遗忘。实际上究竟发生了什么事呢？简单来说，他对一个老太太不礼貌，而她是一个女王，于是他被扇了耳光。这里没有涉及什么原则问题，也没有压迫。这只是一个关于坏脾气和私人恩怨的问题。

一个现实的观察者会看到，事实上，站在埃塞克斯的立场上，他只有两个选择：要么得体地向女王道歉，然后与女王真正地和解；要么完全从公务事业中退出。不止一次，他的脑海中摇摆不定，就像往常一样，他还是选择了后者作为解决办法。但他不是一个现实主义者，他是一个浪漫主义者，充满激情、不安、困惑。他对显而易见的东西选择视而不见，照目前情况看，如果不能让自己成为那些"从君主那获得利益"的人之一，那么他就得下定决心在查理庄园过着阅读和打猎的生活。他周围的那些人也不比他自己更懂现实。弗朗西斯·培根在过去的几个月中一直躲着他，安东尼是热心的奉献者，亨利·卡夫疯狂而且愤世嫉俗，伯爵的姐妹们过于雄心勃勃，他的母亲因为一生中都在与伊丽莎白争吵而存在太多偏见，因此他们都无法作为一种约束力。在他的亲友圈里，还有另外两个追随者，其中包括他母亲的丈夫（因为莱斯特夫人已经是第三次结婚了）克里斯托弗·布朗特爵士。作为一位坚强的士兵和罗马天主教徒,他忠实服务他的继子多年,很明显,无论发生什么事,他依然会继续为他服务直到生命的终结。

不管从哪个角度来看,更可疑的是查尔斯·伯朗特,也就是芒乔伊勋爵的立场。那位身材高大、拥有棕色头发和美丽肤色的年轻男子,在马上长矛比武中表现出来的非凡武艺赢得了伊丽莎白的芳心,并且为了女王赐予他的金棋子与埃塞克斯决斗,多年来他的势力不断发展壮大。他哥哥的死亡给他带来了世袭的贵族地位。在所有的远征之中,他都是埃塞克斯的中尉,表现很出色,而且他从未失去伊丽莎白的青睐。但是,他不止通过普通的军事关系,还通过一桩特殊的爱情与埃塞克斯联系在一起。伯爵最喜欢的妹妹佩内洛普夫人曾经是菲利普·西德尼爵士枉然爱过的斯特拉。她已经嫁给了里奇爵士,而西德尼也已经和沃尔辛厄姆的女儿结婚了,在菲利普爵士死后,沃尔辛厄姆的女儿成了埃塞克斯的妻子。佩内洛普婚后一直不开心。里奇爵士是一个可恶的丈夫,于是她爱上了芒乔伊勋爵。因此,他们之间产生了一种暧昧的关系,长达一生的暧昧关系,这是埃塞克斯的朋友和埃塞克斯的妹妹之间那些不容置疑却又模棱两可的关系之一,它立刻被发现但是也很快被忽视。因此,芒乔伊与伯爵之间的双层关系,使得他成为或者看起来已经成为他最忠实的信徒。这个小团体——埃塞克斯、埃塞克斯夫人、芒乔伊和佩内洛普·里奇,因为最深切的欲望和感情而凝聚在一起。然而在他们的背后和他们的上方都笼罩着拥有神圣的骑士身份的菲利普·西德尼爵士的阴影。

因此没有什么障碍能够阻止埃塞克斯的愚蠢和放纵。他所处环境的特征——个人奉献精神、家庭自豪感和军事热忱,共同协力激励他那么做。而且那些更遥远的影响也是在同一方向上对他产生了激励作用。在整个国家,伯爵的人气成为一股越来越大的力量。其中的原因不太清楚,但效果很大。他英勇的人物形象吸引了大众的想象力。他慷慨大方,彬彬有礼。他曾经与雷利敌对,但是雷利在哪里都不讨喜。现在,伯爵已经失宠了,似乎还受到了苛刻的对待。一些地区,特别是清教徒众多的伦敦城,一直以来都对宫廷有敌意倾向,因此对这位冥顽不化的伯爵表明了一种不和谐的忠心。有流言称他是新教的主心骨,而原本就很随和的埃塞克斯不愿意接受这一角色。另一种清教徒对他表示尊重的证据是,当伯利勋爵去世的时候,剑桥大学立即推选他填补了名誉校长的职位空缺。他因为这些称赞而变得欣喜。作为感谢,他给这所大学送了一个设计罕见的银杯。稀奇的高脚杯仍然摆在副校长的桌子上,时刻提醒一代代英国人关于过去的骚动以及他们不断平稳更迭的历史。

由于个人激情和公众青睐的怂恿,这个固执的人在得意的时刻以一种奇怪的方式吐露出了自己的愤怒和反抗。有一次发生这种疯狂的现象时, 克里斯托弗·布朗特爵士在旺斯特德,而且,尽管他继子的表达模糊混乱,却非常生动地向他揭示了一种正如他之前说的那样,充满"危险的不满"的思想状态。但是,得意的时刻已经过去了,忧郁和犹豫接踵而至。要做什么呢?在任何地方都没有满足感。退休、屈服、反抗，每个办法都比其他两个更可悲，而女王依然没有做出任何表示。

在现实中，伊丽莎白当然也摇摆不定。但她依然毫无惧色。表面上她向每个人，包括自己保证，这一次她一定会坚定。但是她很清楚自己有多少次在相同的情况下选择屈服，而且她的经历表明未来会像过去一样。像往常一样，看不见这种光辉的形象让她无法忍受。她想到了旺斯特德，感觉那么近，又那么远，几乎都投降了。但是，不，她什么都不能做，她要继续等待。也许再等一段时间，这样的话，对方可能会先投降。因此，我们隐约明白了，当她停下来挣扎的时候，一个新的险恶的不确定因素开始与其他因素一起影响她的思想。她一直都很在意各种消息，她对感情和思想的游移有着非常敏锐的感觉，这里有很多与她相关的人已经做好了准备来讲述那些关于女王的这位宠臣令她不愉快的事迹以及详细阐述伯爵在全国各地日益增长的非凡声望。有一天，有人给了女王一封埃塞克斯写给埃杰顿的信的手抄本。读完之后，她的心随之沉默了。她小心翼翼地隐瞒着她的感受，但是她不能再隐藏自己，在扰乱其心智的所有事物中，这封已经传出去的信件就是其中发出的一个警告。如果这是他的心态，如果这就是他在国内的立场……这根本不是她想要的。在这种情况下，勇气十足的传统女英雄不会犹豫，而是以最后大胆的一击来廓清状况。但是，这种方式确实与伊丽莎白的方式差了十万八千里。"优柔寡断，"西班牙大使曾经报告说。这是我表面的判断，真正驱使她面对危险或敌意的是一种固有的防范倾向。如果在旺斯特德方向确实存在危险，那么她不会出去面对它，哦，不！她会与对方和解，她会将它平息下来，她会将它推延，再推延。这就是她的本性。然而，在她相互矛盾复杂的性格中，我们可以发现另一个完全相反的倾向，不过这是人类灵魂的奇怪机制，有助于产生相同的结果。在她的灵魂深处，拥有巨大的勇气。她在两种倾向之间再三衡量，如果有一天她发现自己正在一个深渊的绷索上练习她天才的敏捷度，那么更好！她知道她可以面对任何局面了。一切都会好起来的。她喜欢一切，不管是一步步减少风险，还是一举控制风险，而且，她会以非凡的方式继续她一生的工作，其中包括什么呢？熄灭火焰？还是玩火？她笑了。这不是她能够决定的！

因此，当和解如期来临时，确是不圆满的。我们不清楚细节，我们不知道和平的条件，我们只知道恢复和平的借口是爱尔兰发生了另一个不幸事件。理查德·宾汉爵士被派出去接管军事行动，十月初，他到达都柏林后不久就去世了。一切再一次陷入混乱。埃塞克斯再次主动请缨。这一次，他的请求得到了女王的许可。不久之后，女王和她最喜欢的人就又像往常一样在一起。看来，过去的不快记忆已经被抹去，伯爵就像他惯常的那样，重新获得了他以前的位置，就像他们之间从未有过争吵。实际上不是这样的，情况已经发生改变。他们的相互信任已经出现隔阂。这是第一次每一方都向对方有所隐瞒。无论是埃塞克斯说的话，还是他的样子，甚至他可能怀有的情绪，都表明在他的脑海里仍然记着在他给埃杰顿口述了一封信之后被伤害和蔑视的感觉。他像以往一样断不悔改，犹豫不决地回到宫廷，盲目地被权力的诱感推动。而站在伊丽莎白的立场来看，她也决不会忘记所发生的事情，她对枢密院会议室的场景仍然难以释怀。她认为那些对其表达的仰慕总有些不对劲，因此当她像以前一样谈话或者调情的时候，仍然保持着警惕。

但是因为在白厅和格林威治那些无与伦比的日子飞快地流逝，这些微妙之处确是非常难以察觉的，甚至连弗朗西斯·培根也不能完全确定发生了什么。可能埃塞克斯是真的再次崛起了吧。很可能在伯利勋爵去世后，塞西尔这颗明星正在走下坡路。一年多以来，他逐渐走近塞西尔父子，已经不再与伯爵联系。他多次在信件中向国务大臣献殷勤，他的努力终于以一种非常满意的方式得到了回报。他发现一个新的暗杀阴谋——天主教一个新的阴谋，嫌疑人已被捕获，培根被指令协助政府揭开谜底。这项工作非常适合他，因为它提供了一个展示智慧的绝佳机会，也使得他能够与当朝的重大人物进行交流。事实证明，他特别需要这种引荐。他没有能力把自己的财务状况整理得井井有条。首席法官的位置和哈顿夫人的婚姻他都没有得到。他不得不寄希望于恢复星法院①的书记身份以获得一份薪水，当然，这只是期望而已。然而似乎有一段时间，这一期望意外地近在咫尺。现任书记被指控挪用公款，于是女王指派掌玺大臣埃杰顿和其他人一起调查此

---

① 1586年，英国伊丽莎白女王（Queen Elizabeth，1533年—1603年）颁布"出版法庭命令"，即"星法院法令"，对违犯者处以罚金、判处徒刑和肉刑，甚至可以进行不经辩护的秘密审判。该法令一直持续到1640年，在54年间，成为英国出版自由的最大桎梏。以至在以后克伦威尔专政、查理二世复辟期间，都将此法作为出版管制的基础。而伊丽莎白女王1570年将参议院的司法委员会独立成为皇家出版法庭，就是被后来新闻学界看成封建社会严厉压制出版自由象征的"星法庭"。

案件。如果这一书记职位易主,培根就能够接替。他写了一封密信给埃杰顿。他承诺,最后可以把自己的位置让给埃杰顿的儿子,条件是掌玺大臣这方尽他最大的努力为他争取相当的职位作为补偿。该计划失败了,因为书记一职没有人员调动,十年来,培根还是没有恢复原职。与此同时,他的脸上表现出令人震惊的贫困。他继续从他的兄弟、母亲和特罗特先生那借钱,情况越来越严重。最后,有一天,当他在伦敦塔调查完有关暗杀阴谋的囚犯返回时,因为债务问题而被正式逮捕。不过,他立即向罗伯特·塞西尔和埃杰顿申请援助,他们两人设法让他摆脱困境,确保他的公务不再受到干扰。

但是,如果国务大臣对他有用,那么伯爵也可能是有用的。既然现在他回到了宫廷,写信给他也好。"阁下,"培根说,"您能够恢复原职,没有人比我更欣喜,而且,我相信既然您已经被埋没了这么长时间,这必然是最后一次了。"他继续说,"经过这次经历就可以发现更完美的知识,而通过知识又能达成共识……因此,当政府按照女王的旨意,在所有官员中筛选勋爵兼任新的职位,我不由得对您表示深切的祝贺。"

目前为止进展还不错,但是现在,乌云聚集在天边,一场新的暴风雨即将来临,白厅的观察员心中充满了困惑与忧虑。现在指派一个人担任爱尔兰的总督是绝对有必要的。夏天的那个震撼的分手场面过后,什么事也没有完成,这个问题很紧急,解决方案很多,因此需要审慎决定!女王相信芒乔伊勋爵就是那个合适的人选。女王除了非常欣赏他的相貌,对他的能力也是给予了高度评价。他接受了这个职位，因为他发现自己还是愿意去的。在短时间内，这件事情似乎得到了解决，芒乔伊就是那个意外的救星，不仅能给爱尔兰，还能给白厅带来和平。但是局势再次发生了变动。埃塞克斯再次反对任命自己的支持者，他宣称，芒乔伊是一个学者不是个将军，他不适合这个职位。看起来好像新一轮拒绝和指责的局面又要重新开始了。有人就问埃塞克斯，那么他到底要推荐谁呢？几年前，培根在爱尔兰的这件事情上给他写过一封详细的建议信。这位善于制定政策的人说："我认为，如果阁下您在这种情况下利用您的声誉，也就是说，假装您会接受这一职位，我认为这可以帮助您逼迫泰龙就范，并轻而易举地助您赢得盛大声誉。"培根认为现在这一行为只有一个障碍："这样的情况下，阁下您太容易把虚情转化成真情。"我们无法追溯所有在枢密院会议上提出的建议，复杂的、隐藏的和激动的。但是当埃塞克斯被迫说出一个人代替芒乔伊的时候，他很可能记起了培根的建议。卡姆登告诉我们，他的建议是：必须派出一些优秀的贵族势力去爱尔兰，他们实力雄厚，财大气粗，声名远扬，而且以前担任过部队的将军统帅。这说的不就是他自己嘛。国务大臣沉默地坐在董事会中，一脸谨慎。他怎么想的？如果伯爵真的要去爱尔兰，这将是一个危险的决定。但如果是他自己希望这么做，也许会更好。塞西尔仔细研究了未来可能的局势，对其反复考虑掂量。可以想象，伯爵是在掩饰自己最真实的想法，毕竟，他知道离开英国是多么危险，他只是在演一场戏而已。但塞西尔和他的表哥一样，都知道这个勇敢的人物的弱点，知道武器和行动对伯爵的吸引力，知道伯爵"从虚情到真情"的倾向。他认为他看见了将来会发生的事。他告诉一个保密通信员，"芒乔伊勋爵被提名了。但是对于你，我是以一个朋友的身份跟你说这个秘密，而不是以一个国务大臣的身份，我认为埃塞克斯伯爵一定会代表我们王国前往。"他坐下来写道。我们不知道其他不可察觉的小动作，我们只知道，在枢密院，还有一些人仍然要求任命芒乔伊，而伯爵的毛遂自荐遭到了反对或者直接被忽视，接着枢密院却突然盛行推荐威廉姆·诺利斯爵士为候选人。

别人的反对总是容易让埃塞克斯失去理智。他勃然大怒，芒乔伊的提名真的已经触怒了他，而诺利斯的提名更让他忍无可忍。他严厉谴责这样的看法，而当他怒斥的时候，一面又说服自己这是一个自然的、不可避免的过渡，之后他便沉浸在自己的主张里。有些议员支持伯爵，声称如果伯爵去爱尔兰的话，一切都会好起来的。女王很赞同，埃塞克斯开始了激烈的斗争，他已经与诺利斯和芒乔伊斗争了，而且他一定会赢。弗朗西斯·培根预言的一切都很准确——这个鲁莽的男人真的"从虚情转变为真情"。他赢定了。女王将关于这件事的讨论就此画上句号并宣布了她的决定：既然埃塞克斯确信他能够平定爱尔兰，而且他又如此渴望这个职位，那么他理应为最佳人选，她将任命他为爱尔兰总督。伯爵昂首阔步，盛气凌人地带着胜利的骄傲走出了大厅。因此，带着温文尔雅面容的罗伯特·塞西尔也走了。

过了很长一段时间，埃赛克斯才充分意识到发生了什么事情。无论是在国内还是在爱尔兰，无论是目前还是未来，预期之中的胜利感都让他备受鼓舞,勇敢前行。"我已经在会议上打败诺利斯和芒乔伊了,"他写信给他的朋友和追随者约翰·哈灵顿说道,"而且我以上帝的名义发誓,我一定会在战场上打败泰龙的,因为我还没有做什么能够配得上女王陛下荣耀的事情。"

自然地,老故事再次上演,已经习惯了的一系列漫长的困难、失望和拖延再次展现出来。伊丽莎白对每一个细节都进行了讨价还价,每天都对军备武器的尺寸和性质进行改变,并激烈地就授予新总督的权力范围进行争辩。因为过去的几周之内都是在争吵之中度过的,所以,埃塞克斯的心情慢慢地从欢欣鼓舞到沮丧忧郁。也许他当初的做法是不明智的,他现在非常后悔,未来黑暗而且困难重重,他该去往何方?一种凄惨的感觉向他袭来,让他不知所措,但是现在回头已经来不及了,他必须鼓起勇气面对这些必然发生的事情。"我将去爱尔兰,"他告诉那位已经成为他虔诚信徒的年轻的塞桑普敦伯爵,"女王已经下了命令,没有回旋的余地了,枢密院一直在热切地敦促我出发,而且我以我的名誉做担保一定不能背叛,因为临阵脱逃是失礼的行为,而且还会遭到大家的谩骂。爱尔兰可能会失守,即使是上天注定它要灭亡,但我也难逃指摘,因为我看见战火已经在燃烧,女王召唤我去熄灭它,但是我却什么忙也没帮上。"他说他很清楚他不在的时候会有损失——错失"和敌人交手的机会"以及"各国君主对他的任意曲解,对于他们来说声名远播比声名狼藉更危险。"他意识到了这些,而且还列举了爱尔兰出征的困难。他说,"所有这些可能遭受的事情,现在我都预见到了。"然而,对于每个反对意见,他还是尽力去想出一个答案。"'太不完美的成功是很危险的',让那些接受借口或者满足于他们过去荣誉的人害怕去吧。'太过于伟大必会招来妒忌',我永远不会因为害怕排斥而放弃美德。'王宫就是中心。'但是我认为与其应付各种不同脾性的人,还不如控制军队。"……他总结说,"这些都是个人问题,只适合在私底下聊聊,之所以毫无保留地告诉阁下,是因为把您当成自己人。"

有时,这种忧郁会消散,希望重现。女王笑了,冰释前嫌,再一次感受到某种久违的快乐和信任。在一五九九年的主显节前夕,女王为丹麦的大使举办了一场盛大的晚会,那时候,女王和伯爵在人群涌动的王宫中手牵手一起跳舞。主显节前夕的场景一定勾起了她心中很多的回忆,短短五年,那些日子是人生中最快乐的时光。短短五年,那时与现在差别多么大啊!然而,现在就和当时一样,当六弦提琴演奏者奏响优美的旋律,珠宝在火炬的照耀下闪闪发光的时候,这两个人彼此之间的激情和神秘感将他们联系在一起。他们在一起的时候是什么感受呢?也许,在他们奇怪的相互陪伴中,一如既往,有快乐……却是最后一次了。

伊丽莎白有很多烦心事——爱尔兰、埃塞克斯、战争与和平的永恒问题,但是她把它们全部抛在一边,一坐就是几个小时把《诗艺》翻译成英语散文。至于爱尔兰,她已经习惯。埃塞克斯虽然让人很烦恼,但似乎只是急切地想要当上总督崭露头角,她可以忽略几个月前那些令人不安的怀疑。还有西班牙战争,但这似乎也非常令人满意地解决了。她无数次地提起没有战斗也没有花销的和平,实际上是一场没有战争的战争,而这正是她最喜欢的。

然而有一天,她很震惊。她得到了一本书——《亨利四世的历史》,上面有用拉丁语写给埃塞克斯的献词。"献给最杰出和最受人尊崇的罗伯特·埃塞克斯伯爵、罗伯特·埃维伯爵、英国监礼大臣赫尔弗特和布希尔子爵、查理庄园的菲拉斯男爵和鲁昂勋爵",这些都是什么意思?她匆匆扫了一眼这本书,发现里面包含着关于理查德二世战败和革职的详细讲解。理查德二世是一名臣子,书中暗示着可能废除英格兰君主的最高统治权,而对于这一点她是非常反对的。毫无疑问,书上确实有卡莱尔主教发表的一场精心安排的演讲来反对国王的罢免,但是为什么要把这个问题公之于众呢?这本破旧的书的目的会是什么呢?她再次看了看这个献词,当她看的时候,热血涌入脑海。书中的语气是一种令人厌恶的奉承,但是绝不仅限于此。这里还有一句话,对此可能会提出一个有损名誉的解释:"卓越的伯爵,我们的亨利国王前面有了你的名字便熠熠生辉,他便可以更快乐更安心地接近大众了。"毫无疑问,这个人假装"我们的亨利"指的是这本书。但是难道就没有另外一种可能的解释吗?如果亨利四世享有埃塞克斯的名声和头衔,那么他的篡位就能得到更广泛的认可。这是叛国罪!她把这本书寄给了弗朗西斯·培根。她问道:"难道这个约翰·海华德不能被判处叛国罪吗?"培根回答道:"陛下,我认为不能判叛国罪,而应判重罪。""为什么?""他从塔西佗[①]的著作中窃取

---

① 普布利乌斯·科尔奈利乌斯·塔西佗:(Publius 或 Gaius Cornelius Tacitus) 罗马帝国执政官、雄辩家、元老院元老,也是著名的历史学家与文体家。

了很多段落……""这就是我怀疑他做过的最坏的事了。我应该用拉肢刑架迫使他说出真相。"培根尽力让她冷静下来,但是她并没有完全平静下来,而不幸的海华德,虽然逃过了拉肢刑架,却被囚禁于伦敦塔内,在她接下来的统治期间,他一直待在里面。

她的怀疑,以这种意想不到的方式燃起,又再次消散,并且在与埃塞克斯简单地见面之后,她终于签署了对他的总督任命。伯爵三月底出发,在公民的欢呼声中穿过伦敦的街道。在人们的期望中,既然现在新教伯爵已经去那里摆平叛乱了,那么爱尔兰的一切都会好起来的。但是,在朝堂之上,就有人对未来持不同看法。培根就是其中一个。他一直饶有兴致地关注着爱尔兰总督职务任命上的动荡,很多时候他觉得很惊讶。那个鲁莽的人真的有可能在他的眼皮底下陷入这样一个陷阱吗?当他发现事实确实如此,而且埃塞克斯实际上正在途中之时,他给他写了一封平静而令人鼓舞的信,没有表达出他的恐惧或怀疑。其他的事情他也无能为力了,伯爵对自己的主张深信不疑,这使得培根的警告毫无用处。他后来写道:"就好像对一个人来说,把判断建立在未来种种偶然发生的事情上是有可能的一样。我清楚地看到,他的覆败被命运束缚在这场远征中。"

第十二章

爱尔兰的事态也没有想象中的那么糟糕。在布莱克沃特河那场灾难过后，这片岛屿上各处偶尔会零星地发生些叛乱，外围地区公开的起义无处不在，但是泰龙并没有充分利用这个机会，他在都柏林不求上进，在没有受到敌人打扰的这几个月期间一直处于怠惰和犹豫不决的状态，虚度了大好光阴。相比战争中的打打杀杀，他更擅于讲究谈判的拖延技巧，狡诈地交涉，拖延策略，审慎而明智地做出承诺和违背承诺。他生于爱尔兰，在英格兰长大，既野蛮又绅士，既是天主教徒，又是怀疑论者，他还是一个谋士、懒汉、冒险家和梦想家，但是归根结底，经过多年在各处的老谋深算，不知怎的他竟然成了一个国家的领导人和决定欧洲政治转向的关键人物之一。他说，他向往的是平静的生活，摆脱新教的褊狭以及战争的残暴，说来也奇怪，最后他得到的便真的是平静的生活。但是，最后还没有结束，一切都处于动荡和不确定之中。对于他来说，同化他的英格兰伯爵身份和他奥尼尔的首领身份是不可能的。他一直犹豫地尝试着成为撒克逊人的忠诚附庸臣仆，但是最终还是屈服于当地的爱国主义压力之下。他密谋过也反抗过，他已经成为西班牙菲利普国王的代理人。他不止一次地受到英国人的摆布，英国人接受了他的臣服，而且还恢复了他的爵位和土地。而他也不止一次，在利用完英国政府时而严格时而温和的波动政策进行交易之后，反过来又狡诈地利用因英国政府的保护而获得的权力和影响力去背叛他们。现在在原本的公众仇恨基础上又加上了个人仇恨——他诱奸了亨利·巴格纳尔爵士的妹妹，而且把她抢走之后娶了她，根本不管她哥哥的反对。她死得很悲惨。而亨利爵士带领他的军队一起去镇压布莱克沃特河反叛，但是却不幸战败而亡。在这样一场灾难过后，可以肯定唯一可能采取的办法就是极端的措施。这一次，英国政府不再妥协，必须最终压制泰龙。但是泰龙自己的看法非常不同。他厌恶极端主义，他继续在阿尔斯特①茫然地逗留，那套经常为他服务的老旧体系：抵抗、谈判、妥协、屈服以及和解，说不定仍然有效呢。

但是有件事很清楚：如果英格兰政府希望尽快消灭泰龙，那么他们找不到一个比新的总督还更急切的人来达成目的了。很明显，对于埃塞克斯来说，爱尔兰这一战的胜利至关重要。他能够赢吗？弗朗西斯·培根并不是朝堂之上唯一一个对这件事持消极态度的旁观者。一种不祥的预感弥漫在空气中。当约翰·哈灵顿正准备追随他的庇护人指挥骑兵部队去爱尔兰的时候，他收到了

---

① 阿尔斯特：爱尔兰北部地区的旧称。

在宫廷中担任职位的同族人罗伯特·马卡姆一封十分重要的指导建议信。他告诫哈灵顿凡事要小心谨慎,在爱尔兰军队中很有可能有奸细,他可能会把所有的事情都报告给国内地位级别高却心怀不轨之人。"一切听从总督的指挥,"马卡姆写道,"但是不要发表你的意见,因为这有可能会传到英格兰。"马卡姆认为现在大体的情况来势汹汹。他说:"注意观察那个指挥的人,他其实是在被别人指挥,他不是为保卫女王的领土服务,而是在满足自己的报复。"……他继续说道,"如果总督按照他在枢密院上承诺的去行动,那么一切都很好。但是尽管女王已经原谅了他在她出席时候的迟到行为,我们并不知道对于这件事女王自己是怎么想的。在众目睽睽之下,她公开表示信任这个目前在她的手中寻求另外一种待遇的人。但我们有时候确实想一出是一出。总督的前途命运只有全能的上帝才了解。但是,当一个表面上有这么多朋友而私底下却有那么多深藏不露的敌人的时候,谁又会知道他的命运如何呢?……威廉姆·诺利斯爵士和女王都不是很满意,总督现在可能是高兴的,但是我很害怕今后还会发生什么。"

毫无疑问,对于哈灵顿,一个已经将阿里奥斯托[①]的诗歌翻译成英文,并在卫生间写了篇拉伯雷[②]式颂词的快乐少年而言,这样的警告并没有让他很留意。但事实上,这几句话准确地预言出

[①] 阿里奥斯托:(Ariosto 1474年—1533年)意大利文艺复兴时期的著名诗人。生于贵族家庭,曾供职于宫廷,热爱法律和文学。

[②] 拉伯雷:(Francois Rabelais 1493年—1553年)文艺复兴时期法国著名的人文主义学者、作家、教育思想家。拉伯雷式的风格比较粗俗、夸张、诙谐。

了局势的主旨。这次远征是一场博弈。如果埃塞克斯在爱尔兰能够赢得这场征战的话,他也能够在英格兰站稳脚跟。如果他失败了……但是命运剥夺了他成功的机会。从第一次开始,表现出的迹象就是不吉利的。这次征战准备了一万六千名士兵和一千五百名骑兵,这在伊丽莎白的军队中是一支装备精良、高效的军队。但是这就是总督拥有的全部也是仅有的优势。他与本国政府的关系远不能令人满意。伊丽莎白怀疑他,不信任他的能力,甚至怀疑他的意图,而现在掌管枢密院的国务大臣即使不是他的敌人也至少是他的对手。他的请求不断遭受挫败,他的决定被否决了。在他离开英格兰之前发生了严重的争吵。他已经任命克里斯托弗·布朗特爵士为他的政务会成员之一,任命塞桑普敦勋爵为他的骑兵将军。但这两项任命都被伊丽莎白给取消了。谁也不知道为什么她要反对克里斯托弗爵士,也许她觉得他的天主教徒身份不适合在爱尔兰身居高位,而塞桑普敦却因为和伊丽莎白·弗农之间的暧昧关系而引起了她极大的不满,伊丽莎白·弗农是她的一个宫廷侍女,之后他竟然胆敢娶她,她一怒之下将塞桑普敦和他的新娘一起关进了监狱,而埃塞克斯竟然冒险推荐这个年轻的无赖担任指挥官,这样做似乎对她故意无礼。埃塞克斯为此写过一些言辞激烈的争辩信件。但是女王立场仍然非常坚定。于是这两个人仅作为私人朋友跟随埃塞克斯出征。总督在一五九九年四月到了都柏林,他心情郁闷,脾气暴躁。

  他正在面临着至关重要的战略问题。他是否应该立刻前往阿尔斯特处理泰龙,还是应该先压制岛上其他地方兴起的暴动?英格兰设在都柏林的政务会建议采取后者,埃塞克斯同意他们的看法。他认为,当其附属的支持力量被拆解时,对抗叛乱的核心力量就会更容易。可能他是对的,但这个决定意味着要采取迅速而坚定的行动,浪费太多的时间和精力在小型的战役上不仅无用反而自伤元气。很明显,用一支强大的英格兰军队征服少部分顽抗的首领看起来就是小菜一碟。埃塞克斯进军伦斯特省①,他很自信没有什么能够与他相匹敌,他是无敌的。但是,他却遇到了比抵抗更危险的事情——这个矛盾的国家弥漫着的缓和、阴险、潜藏的环境,在二十五年前,正是这样的环境导致了他父亲的绝望和死亡。

一种奇怪的气氛将他淹没。这片奇怪的土地——迷人、野蛮如同神话,诱惑他在惬意中放纵自己。他以一个胜利者的傲慢姿态进入一个全新的、无法想象的、不真实的奇特宇宙。这些人是谁,他们戴着斗篷,全身赤裸,长长的头发悬挂在他们的脸上,发出狂野的战斗哭泣和可怕的哀嚎,是他们的轻装步兵和武装侍从还是弄臣和吟游诗人?他们的祖先是谁,西塞亚人还是西班牙人?或是高卢人②?这属于什么社会形态?酋长们与吉普赛人争

---

① 伦斯特省:(Leinster;爱尔兰语:Laighin/ Laigin)爱尔兰四个历史省份之一,位于爱尔兰岛东部。

② 古罗马人把居住在现今西欧的法国、比利时、意大利北部、荷兰南部、瑞士西部和德国南部莱茵河西岸的一带凯尔特人统称为高卢人。在后来的英语中,Gaul 这个词(法语:Gaulois)也可能是指住在那一带的人民。不过更多时候这个词是指曾经广泛分布于中欧的多瑙河中游平原、西欧、东南欧的多瑙河下游平原;甚至在公元前 285 年—公元前 277 年间扩张至安纳托利亚中部的使用高卢语(凯尔特语族的一个分支)的那些人。

斗，衣衫褴褛的女人整天都躺在灌木篱墙那大笑，那些衣衫褴褛的男人相互之间赌博把自己的破烂衣服还有值钱的东西都输光了，巫师在旋风中飞翔，而老鼠在韵律中死亡。一切都是模糊的，矛盾的，无法解释的。而总督一步一步地走进绿色的荒野，像很多前人和后人一样，开始受到周围环境的感染，开始丧失对物体的意识，并且头脑变得混乱，分不清是幻想还是现实。

他那骁勇善战的军队无论走到哪里都受到英国移民的欢迎。这些城镇的大门向他敞开，兴奋的镇长们用拉丁语高谈阔论。他从伦斯特省到芒斯特省仍然战无不胜，但是时间正在偷偷溜走。时间一天天地都用在了攻打一些不重要的城堡上。埃塞克斯从来没有展现出任何的军事才能，他只有军事爱好，现在他的军事爱好通过胜利的小规模战斗、浪漫的冒险、高贵的姿态和个人的荣耀得到了前所未有的满足。但为此付出的代价是巨大的。在一系列不重要的小事件中，他忽略了自己的主要目的。当他花时间玩的时候，他的力量在减弱。在伤亡、逃亡、疾病和遥远的前哨阵地驻防的共同影响下，他的军队力量不断削弱。最后在七月份，他回到了都柏林，发现自己已经花了近三个月的时间进行了一些小打小闹，却从未触及敌人的核心力量，而且他部下的军队人数已经减半。

然后，假象的迷雾渐渐散开，他面对着悲惨的事实。已经到了这个时候，他那不堪一击的军队，是否能确保再次平定泰龙的叛乱？在极度激动的情况下，他掂量了一下获胜的机会，不知道该走向何方。无论他望向哪里，他的脚下似乎都是深渊。如果他败在了泰龙手下,后果多么致命!如果他什么都没做,多么可笑!他无法承认自己已经浪费了机会,他胡乱而野蛮地指责他人,在一阵阵凄惨的绝望中沉沦,他写信给伊丽莎白,以此来寻求安慰。几百名的士兵小分队已经在现场表现出了懦弱。他把所有的官员都撤职监禁,还处死了一个中尉,军队中普通成员每十个就有一个被他处死。他病倒了,死亡也似乎离他越来越近,他还是很欢迎死亡的到来。他从沙发上坐起,给女王写了一封长信,进行了详细解释和告诫:"但是我为什么要谈论胜利或成功?难道你们不知道我从英国什么也没有得到,有的只是痛苦和灵魂的伤口吗?难道在军队里还有谁不知道陛下您已经不再偏爱我,而且您不也知道这场出征对于我和出征本身都是凶多吉少吗?难道大家都不觉得陛下可悲吗?陛下您最忠诚的臣子,像科巴姆和雷利这样,考虑到其他人的地位,我还是不说出来了,巴不得陛下您最重要的行动失败的人,不还依然深得陛下的宠爱和信任吗?就让我诚实热忱地结束这疲惫的生活。让别人生活在欺骗和多变的乐趣之中。让我首当其冲,死得其所……到那时,我在上帝和他的天使面前证明,我是一个虔诚教徒,除了我的职责,我什么都可以放弃。此信出自您的仆人之手,他生为陛下最亲爱的仆人,死为陛下最忠诚的仆人。"

康诺特突然发生起义,这次必须镇压。反叛分子被克里斯托弗·布朗特爵士击败。但是到现在为止,七月份已经结束了,而总督还在都柏林。同时在国内,随着时间流逝,爱尔兰也没有传来任何决定性的行动消息,人心徘徊在怀疑和期望之间。在朝堂之上，言辞是冷嘲热讽的。八月一号有一条传言如是说："人们很奇怪埃塞克斯竟然无所作为，他在都柏林拖延时间。"每十个士兵中杀一人的方式"并没有受到欢迎"，当消息传来称总督随意使用女王赋予他的特权册封了不少于五十九个骑士时，人们对此更多的是嘲笑和耸肩以示不满。但是其他地方人们的感觉是不同的。伦敦的人仍然对于他们敬重的埃塞克斯寄予厚望，这种希望在莎士比亚的一部戏剧中表达出来了，而这部戏剧此刻就在环球剧院上演。

"看，伦敦城万人空巷的场景！"

合唱团在表演《亨利五世》的唱词中描述了国王从法国凯旋的故事——

"我们所上演的不那么宏大却相似的亲切场景，
就像我们伟大女王和如今的将军，
他必定用利剑平定叛乱，
从爱尔兰凯旋，
在这和平的城市里，
该会有多少人前往相迎！"

毫无疑问，这段唱词大受赞赏，然而即使在这里，通过阅读字里行间涌起的希望，我们还是能够感觉到一丝的不安。

伊丽莎白焦急地等待着泰龙被打败的消息,然而她什么也没有等来,等来的只是一封接一封的愤怒的投诉信和绝望的呼喊。她开始变得不耐烦了。她没有限制别人评论他。她说,他在爱尔兰所做的事情,没有一件是她喜欢的。"我每天给总督一千英镑支持他的战斗是让他前进的。"她写信给他,狠狠地抱怨他的拖延,而且命令他立刻进军阿尔斯特。她收到的回复称军队的数量骤减,伤亡惨重,从英格兰出发时一万六千人的军队只剩下四千人。她又派遣了两千名增援军,但是巨大的开支深深地刺痛了她的心。这种铺张浪费和拖延的意义何在?突然间邪恶的想法浮现在她的脑海里。比如,他为什么要授予那么多骑士呢?她毅然地命令埃塞克斯攻击泰龙,死守爱尔兰。"在你向我们报告你在北爱尔兰的行动进行到了何种地步之后,……你们才能够立即获得我们的许可,在未获得许可之前,我郑重地命令你,之前的任何形式的许可作废,切不可肆意为之。"

她的焦虑进一步加深。有一天她在农萨其宫苑遇见了弗朗西斯·培根,于是把他拉到一旁私聊,她知道他是个聪明人,也是埃塞克斯的朋友,也许她能够从他那里套出什么话,给目前的局势带来一线生机。她问他对于爱尔兰的局势什么看法,她向他投去探寻的一瞥。对于培根来说,这是个激动人心的时刻。这是一个始料未及的至上荣誉。他觉得喜悦涌上心头。作为一个没有任何官职的人,女王竟然以这种高度信任的形式来咨询他。他要怎么回答呢?他知道所有的谣言,而且他有理由相信,在女王看来,埃塞克斯的行为不仅缺乏判断力而且"傲慢不恭、带有他私人的目的"。有了这些背景信息，他做出了一个非凡的回答。他说："女王陛下，如果您让埃塞克斯爵士手握权力待在这，就如莱斯特爵士那样，继续为您的江山社稷效力，成为您和您的朝廷在子民和外国大使面前的荣誉和形象的象征，那么他就不会出什么问题。但现在您对他不满，但是却又把权力和军备交到他手里，这可能对于他来说是一种诱惑，会暴露他做事麻烦多、难以驾驭自己内心的短板。因此，如果您愿意召他回来，而且能够用丰厚的薪水来满足其需求。我觉得这就是最佳的办法。"她谢过他之后又继续往前走了。原来这就是当前的局势！"权力和军备……诱惑……产生麻烦，难以驾驭！"培根的话给她闷在心里的猜疑火上浇油，现在这些猜疑已经烧得火热了。

不久之后，亨利·卡夫从爱尔兰抵达了，给女王带来了总督的信件和消息。他要讲的事一点也不能让人安心。军队的状况由于疾病和逃亡而进一步恶化，目前情况令人担忧，恶劣的天气使得行军困难，都柏林政务会再次强烈反对对阿尔斯特进行袭击。伊丽莎白写了一封严厉斥责的信给她那"正直、值得信赖、深受宠爱的表亲，"信中她再也没有发布任何命令，只是希望知道他下一步的行动。她说，她无法想象埃塞克斯的行动要怎么解释。为什么一无所获？"如果说是因为军队的状况不佳，那么为什么在士兵们状态好的时候没有采取行动？如果说是因为冬天将至，那么为什么白白浪费了七月和八月？如果说是因为春天太快，接下来的夏天又要用于做其他的事情，而之后的秋天也白白虚度无所事事，那么我们可以肯定的得出的结论就是，即使我们对泰龙有诸多控诉，但是一年四季没有一个季节你和政务会议会觉得适合讨伐他。"然后，在她漫长而激烈的争辩中，她说出了一句精心思虑的话，这让她的通信者很震惊。"我们要求你考虑我们是否有充足理由认为你的目的不是要结束战争。"她决心让他意识到，她正在认真观察他，而且做好了应对任何可能性的准备。

同时，在都柏林，最后的决策时刻很快就到了。进退两难的恐惧号角已经在向这不幸的总督奏响。他是否会抛弃自己的判断和政务会的建议而不顾一切地服从女王的命令？又或者会忤逆她的命令，然后承认自己的失败？冬天即将来临，如果他要去打仗的话，他必须立即动手。当收到来自英格兰的信后，他感觉歇斯底里、心烦意乱，但仍在犹豫。信上告诉他罗伯特·塞西尔已经被任命为监狱主管，这是一个最有利可图的职位，这是埃塞克斯一直梦寐以求的职位。这一来，他满腔怒火，其他的感觉都被怒气淹没了。他冲向布朗特和塞桑普敦。他说他已经下定决心了，他不会去阿尔斯特，他要带领他的军队回英格兰，他将维护他的权力，他要铲除塞西尔和他的党羽，而且确保从今以后，女王要遵守自己的行为准则，按照他的意思行事。

他说了很多不顾一切的话，但也仅仅是说说而已。狂热的幻想消失殆尽，在咨询结束之前，他还是冷静地接受了忠告。克里斯托弗爵士指出，伯爵提出的建议，以这样的目的带领他的小分队从威尔士到伦敦，意味着内战。他认为带一个由几百名可靠的追随者组成的自卫队一起在农萨其宫苑发动政变，是更加明智之举。但这个计划也被搁置一旁。埃塞克斯突然改变想法，决定执行女王的指示,并在阿尔斯特攻击泰龙。

作为一个初步计划,他命令科尼尔斯·克利福德爵士担任一支挑选出来的军队的首领,对抗来自康诺特的反叛分子,以此来转移敌人的注意力。当他自己正在准备出发时,发生了一场新的灾难:克利福德被敌人在一个穿过沼泽的堤道上抓住了,然后被殴打至死了。但是,埃塞克斯现在撤回为时已晚,于是八月底他离开了都柏林。

同时他还写了一封简短的信件给女王。他的话语从来没有比现在这样更华丽,节奏也没有比现在这样更动人:这些文字从来没有像现在一样将痛苦、追忆和牺牲如此浪漫地融合在一起。

"来自一颗在悲伤中起舞的心灵,一个在痛苦、忧虑和悲伤中耗损的灵魂,一颗被激情撕得粉碎的心,一个恨自己和一切其赖以生存的事物的人,从这样的人那里,陛下您能得到什么样的效劳?既然我过去做的一切都一文不值,只适合被流放和抛弃到最受诅咒的地方,那么还有什么期望能够支撑我继续活下去?不,不,反叛者的骄傲和成功一定会让我找到方法救赎我自己,我的意思是帮助我的灵魂逃离身体这个可恶的监狱。如果真是这样,请女王陛下相信,虽然我的生命历程可能没有让您那么愉悦,但您也没有什么理由厌恶我的死亡方式了。来自陛下流亡中的仆人,埃塞克斯。"

信件文笔细腻,激动人心,值得称赞!但接下来发生的事情就不是这么回事了。如果这位不顾一切的骑士真的因把自己置身于野蛮人的乱箭之中而死……但是事实并非如此。几天之后,他碰到了泰龙的军队，虽然泰龙军队的人数比埃塞克斯的多，但是泰龙拒绝参战。只有一些兵力部署，一场小冲突，然后泰龙派了一个信使要求谈判，埃塞克斯同意了。两个人骑着马在一条河的浅滩上单独见面了，而两方军队正在河岸两边监视着。泰龙重复着他的旧战术，提出条件，但只是口头上的。泰龙说，他更倾向于不用书写作为承诺。他建议休战，休战六周，六周之后再战，一直到五朔节，如有违反协议必须在两周前发出警告。埃塞克斯再次同意了。一切都结束了，这次战役也结束了。

在所有可能的结果中，这个无疑是能想到的最无能为力的了。这次盛大的远征，高贵的将军、努力、希望、自吹自擂，最终都沦为了徒劳的耻辱和一场无限期的休战，这一切促成了泰龙模棱两可的习惯性胜利。现在埃塞克斯已经把手中的牌都亮出来了，打得要多烂就有多烂，现在他手中什么也不剩了。不可避免地，当他想起自己的成就和苦难的时候，他有了一种绝地反击的决心。他决定，现在只有一个办法才能挽回局面——他一定要见女王。但是这只是他的异想天开而已，他都分不清楚是以哀求者的身份还是胜利者的身份去见女王，他只知道自己再也不能在爱尔兰待下去了。这时候，布朗特发动政变的建议萦绕在他的脑海里，他对此也很不确定。他把自己身边的王室成员召集在一起，和他们一起的还有很多的官员和绅士，他们在九月二十四日从都柏林乘船出发。在九月二十八日一大早，军队便飞奔到伦敦。

王室人员还在萨里的农萨其宫苑，大概在伦敦南面十英里的位置，泰晤士河从中间流过。如果有袭击的话，那么骑兵队就很

171

有必要穿过城市以及度过伦敦桥。但是他现在满脑子想的是尽快和女王见面。最快的办法是从威斯敏斯特坐渡轮到伦敦朗伯斯区,埃塞克斯让他大批的追随者自己在伦敦分散各谋出路,而后带了他的六个朋友一起渡河。在伦敦朗伯斯区,这几个精疲力尽的人竭尽所能寻找马匹,然后骑着马赶路。很快格雷·威尔顿爵士就赶上了他们,他是塞西尔党派的一员,正骑着一匹良驹赶往王宫。托马斯·杰勒德爵士在其后面骑马疾驰,"阁下,我求求你和伯爵谈谈。"

"不,"格雷爵士回答道,"我在王宫还有事情要办。"

"那么,我求你,"托马斯爵士说道,"让我们的埃塞克斯伯爵先走,这样他就能够把他回来的消息第一时间告诉女王。"

"这是他自己的想法吗?"格雷爵士说道。

"不,"托马斯爵士说道,"我觉得他是不会在你手上有什么奢求的。"

"那么恕不奉陪了,"格雷爵士说道,然后以更快的速度疾驰而去。当杰勒德告诉他的朋友发生的事情之后,克里斯托弗·圣劳伦斯大声发誓他一定会逮着格雷爵士然后把他宰了,接下来再把国务大臣给办了。那些愤怒的绅士们在那么一瞬间就有一种立马想采取极端的报复手段一了百了的气势。但是埃塞克斯没有接受,这就相当于暗杀了,他一定要试试运气寻求女王宽恕。

格雷爵士直接到农萨其宫苑找塞西尔,然后告诉他这个令人震惊的事实。国务大臣很冷静,他什么也没有做,什么也没有跟正在楼上房间里更衣的女王说,而是坐在椅子上等待。十五分钟之后，也就是十点，伯爵出现在门口。没有片刻迟疑，他匆忙地往前走。他跑到了楼上，于是，噢！他对路太熟悉了，走进了会客厅，然后走进了女王的机要室。女王的卧室就在不远处。经过这段漫长的旅程，他浑身泥泞，整个人狼狈不堪，穿着粗糙破烂的衣服和马靴。但是他根本没有意识到这些，他突然推开了门。伊丽莎白就在他的不远处，身边围着一群侍女，她穿着一件睡袍，素颜，没有戴假发，她那白头发一缕一缕地垂在面前，她的眼睛瞪得很大。

第十三章

她又高兴又惊讶。但是,很快,她有了第三种感觉——害怕。这件事事先没有告知她,这次回来原本也是不允许的,这次闯入更是不同寻常,这些都意味着什么?这个男人从爱尔兰带回了什么样的部队? 在哪里?发生了什么事情?是否有可能就在此刻她已经处于他的掌控之中了?她茫然失措,看到他的时候,她是有一种出于本能的高兴的,她钦佩他的举止和谈吐,于是她面带微笑准备倾听。他将自己的抗议倾吐而出,并且讲述了他的故事。她一边听一边心里快速地盘算斟酌着各种变化不定的可能性和可疑的线索。很快她便猜测自己暂时没有危险。她梳洗之后,便笑着让他回去换衣服。他遵命离去,然后又回来了,和女王又聊了一个半小时。他兴高采烈地下楼吃饭,与女仆们调情,并且非常感激上帝让他在异国他乡经历过这么多暴风雨之后,还能在家中享受安静的美好时光。但是这样的安静只是片刻的。他在晚饭后再次看见女王,感觉起风了。她已经做了调查,而且对局势已有充分的判断,并决定采取行动。她开始很不客气地问一些不愉快的问题。听了埃塞克斯的回答之后,她发怒了。最后她宣布他一定要给议会解释清楚到底怎么回事。于是,议会成员聚集在了一起,当伯爵对他的整次行动进行解释的时候,出于礼貌,会议暂时休会。也许一切都很好,至少表面上看起来是这样,但是很显然女王还是很恼怒且难以接近。晚上十一点伯爵收到了陛下的消息,命令他待在房间不许外出。

每个人都很困惑,因此极其荒诞的猜测开始漫天流传。最开始人们都猜测埃塞克斯大获全胜,他孤注一掷再次夺回了从他手中溜走的宠信和权力。培根给他发了封祝贺信,写道:"吾之衷心只听任于汝。"再晚些的时候,女王不悦的消息让人感到很疑惑,然而看起来根本不可能是伯爵发生了什么很严重的大事,毕竟他只是在爱尔兰捅了个篓子,之前很多人也一样。与此同时,女王继续着她的计划。等了一天,还没有收到任何在伦敦可疑行动的消息,她觉得她可以继续下一步了。她让掌玺大臣埃杰顿对埃塞克斯进行监管,把他带到了埃杰顿的住宅地——滨河大道的约克官邸,他立马动身了。一切都很平静,伊丽莎白很满意,埃塞克斯现在完全在她的掌握之中。她可以在她有空的时候再决定怎么对付他。

当她正在考虑的时候,埃塞克斯病倒了。在离开爱尔兰之前,他就一直非常不适,加上三天骑马赶路越过千山万岭到达英格兰,旅途劳累,之后又在农萨其宫苑受到羞辱,情绪不佳,这一切对于他不稳定且易受影响的体格来说伤害太大。然而,虽然他被囚禁在约克官邸,却还时不时地嚷嚷着他只想过上与世无争的乡村生活，他仍然没有放弃重新获得女王青睐的希望，甚至对恢复总督一职还存有念想。他给女王写了很多顺从信，但是她拒绝接受，而且一个字也没有回。约翰·哈灵顿曾在爱尔兰被授予骑士爵位，此时他回来了。于是埃塞克斯乞求他帮忙送出另一封充满悔悟和爱慕的顺从信。但是这位活力四射的骑士不愿意冒这个险。他在抵达伦敦时受到被抓捕的威胁，他觉得他自己的事情就够他头疼的了。他说，管好自己就是对他人仁慈，他并不想在"埃塞克斯的岸上翻船"。而且他内心有鬼。在与爱尔兰达成和解之后，出于好奇心，他拜访了泰龙伯爵，他对这位反叛伯爵表现得也太友善和熟悉了。他拿出自己翻译的《阿里奥斯托诗集》，并且大声地朗读一些他最喜欢的段落，然后把这本书送给了泰龙的长子——"这两个孩子前途无量，穿着英格兰的服装，镶着金边的天鹅绒背心，就像是贵族的孩子"，最后他还跟反叛者坐在"这庄严的苍穹之下，以蕨草为桌席"愉快地享用晚餐。关于这些行为的一些传闻很有可能已经传到了伊丽莎白的耳朵里，她对此并不高兴。不过，他认为只要女王肯听他解释，一切都会好起来的。他知道女王喜欢他，他是女王的教子，从小他就和女王很熟悉，事实上，他和皇室还有血缘关系呢，只不过不为人所知，他的继母是亨利八世的私生女。最后，他被告知女王要召见他。他惴惴不安地去了皇宫，当他踏入宫殿的时候，他感谢指引他的星辰让他明智地拒绝给埃塞克斯捎信。

接下来他看到的可怕场景让他永生难忘。他几乎还没来得及跪下，女王便大步向他走来，一把抓住他的腰带，然后摇晃着呼喊道:"真是无法无天了,你们眼里还有我这个女王吗!那人竟敢违抗我的命令!谁让他这么早就到这里来的?我派他去,不是让他干这种蠢事的。"然而,这个吓坏了的诗人只能结结巴巴地勉强回答,她愤怒地放开了他,"来回快速地踱步","她的面容里透露出不安"。"真是无法无天了!"她再次大声说,"你们都是懒散的废物,比埃塞克斯还无用!"他试着让她冷静下来,但是"她的怒气着实让她失去了任何理智",她现在什么都听不进去,在她恶言谩骂的风暴中,她似乎忘记了她那不幸的教子毕竟不是总督。不过,最后她终于冷静下来了,然后开始问问题,被哈灵顿的几句笑话和故事逗笑了,于是她对哈灵顿与泰龙亲密交谈一事便不再追究。哈灵顿向女王描述了反叛者,以及他那奇特的王宫,他的守卫大部分都是乳臭未干的男孩,身上连衣服也没有,却在蹚水经过冰冷的河流的时候如水中猎犬一般敏捷。他补充说道,"我也不知道是怎样的魅力使得这样一位领袖人物深得人民喜爱,但是只要他命令他们来,他们就一定会来。如果命令他们走,他们也同样照做。如果他告诉他们做什么,他们就会绝对服从命令。"她笑了,然后突然间,脸色又变了,告诉哈灵顿先回家。没等女王说第二遍,哈灵顿便立刻骑马赶回索默塞特郡[1]的府邸,"那速度就像是爱尔兰所有的反叛者在后面穷追不舍"。

这位《埃杰克斯变形记》的作者对于一个思想茫然且感情受伤的君主来说不是一个适合交心的知己。伊丽莎白在别处寻觅顾

---

[1] 英国英格兰郡名。

问，或者至少说是倾听者，她发现弗朗西斯·培根挺合适。回想起那个夏天和他的交谈，她利用弗朗西斯·培根进宫帮她处理法律事务的机会将话题转回到埃塞克斯伯爵身上。她发现他的回答中肯，她继续谈论这个话题，因此在接下来的多个月中，他们俩开始了一系列秘密的私人对话，埃塞克斯的命运，还有与此相关的政策上和感情上隐藏的含意都成为这两个最独特的人谈论的共同话题。伊丽莎白和往常一样，仍然不确定如何应对她遇到的情况：是选择原谅还是惩罚？如果选择后者的话，又应该施行何种惩罚？她问的问题很多，但是自己透露的却很少。至于培根，他现在倒是如鱼得水。他觉得他可以非常得体稳妥地将他身边那些错综复杂的事情理清楚。不仅要调整个人恩惠和国家职责的要求，兼备政治家和朋友的感情，还要在荣誉与野心之间找到平衡，其他人可能觉得即使这样的问题能够解决，也是非常困难的。但他无所畏惧，他的才智足以应付了。当他和伊丽莎白交谈时，他以一个伟大艺术家的浓厚兴趣，利用了这个复杂的问题。他早就断定，就时运来说，埃塞克斯是一个注定被毁灭的人，他欠了伯爵恩情，很多恩情。但是，为坚持一个毫无希望的目的而自毁财路只是枉然，获得罗伯特·塞西尔的青睐才是至关重要的。现在正当天赐良机，错过了他绝对会疯掉，因为这个机会还能够获得更重要的东西，即女王的信任。此外，他很确定埃塞克斯是一个麻烦精，以及他的行为会对国家带来危险。虽然就个人来说，他很有必要尽全力给予埃塞克斯帮助，但显然他没有义务促使埃塞克斯重新掌握权力，相反他甚至有责任暗示女王这一情况的严重性。所以，他毫不犹豫地给自己结了一张智慧之网。几年后，在公众不满的压力下，他为自己的行为做了解释，他似乎认为为了给自己辩护，重新描述他的实际行为都是必要的。

伊丽莎白饶有兴趣地听了他被迫说的一切，要不是女王的命令，他是不可能会说的。他的话语中充满了对伯爵的同情和依恋，但是他必须说出来，他认为有些职位不适合他，比如说把他派回爱尔兰，"埃塞克斯！"女王打断了培根的话，"要是我把埃塞克斯派回爱尔兰，我就嫁给你，我发誓。"不，这不是她的想法，她的想法根本就不是这样，她更希望把他绳之以法，但是要怎么做呢？她倾向于在星法院进行审判，但培根反对。他说，这将会是一个危险的诉讼程序，很难在公众面前找到伯爵违法行为的有力证据，而且他深得民心，在没有充足证据的前提下，就对他实施严惩可能会导致更严重的后果。她不喜欢这个建议，但这些话深深地刻在了她的脑海里，她不再想公诉这个事了。

随着时间的推移，一切似乎都表明培根的警告是有道理的。毫无疑问，伯爵确实深受欢迎。而且他生病之后，欢迎程度有增无减，当传出风声说埃塞克斯受到监禁而濒临死亡时，公众义愤填膺，闹得沸沸扬扬，他们秘密印刷和传播为埃塞克斯伯爵辩护和反击敌人的小册子。最后，甚至宫殿的白色墙壁都是辱骂的涂鸦。培根被特别挑出来进行谴责，说他是一个叛徒，他背叛了自己的恩人，现在又来毒害女王的心。他声称受到暗杀的威胁，这让人不快，但可能会有一些利用价值：可以用来向国务大臣表达自己的耿耿忠心。他写信给他的表哥，告诉他这些暴力威胁。他说：:"感谢上帝，我问心无愧。"他认为这些威胁对他的表哥具有极大恶意，"他们想要借您我亲近之名对您进行诽谤"。

当塞西尔读这封信时，轻轻笑了起来，然后把他的表哥叫来了。他希望把自己的立场说清楚。他说，他确实听说弗朗西斯一直在做一些对埃塞克斯不利的事。但是……他不相信。然后他补充说："就我而言，我只是被动的一方，并没有积极参与这个行动，而且我跟着女王，严格听从其指挥，我定然是无法领导她的。女王确实是我的君主，我是她的臣子，我不可能背叛她，我希望你和我一样。"

他对自己做了解释，解释是完全可信的。罗伯特·塞西尔确实仅仅只是被动地追随女王的行动，体验着他的处事经历带给他的悲伤。但是，被动也可能是一种有用行为。事实上，有时候证明它可能比行动本身还会产生更多的后果。只有一个心如止水，不抱幻想的人才能理解这一点，生机勃勃充满希望的熊孩子是看不到这一点的。在其他人当中很多人看不到，包括沃尔特·雷利。雷利无法想象国务大臣在做什么，他就这样让一个绝好的机会从手中溜走，他听任女王自行其是，真是疯了，这应该是主动出击的时候啊。雷利写信给塞西尔说道，"我还没有明智到能给你建议。如果你把'对这个暴君温和一点'当成是忠告，那么到时候你就会后悔莫及。他的恶意是固有的，不会被你们的温和行为而感化。因为他会将这种改变归咎于陛下的优柔寡断，而不是你本性的善良。他知道要你是迎合女王的性情为她工作，而不是出于你对她的爱。你对他越不温和，他就越不能伤害你和你身边的人。如果他失去了女王的宠信,那么他就会再一次沦为一个普通人……不要丧失你的优势。如果丧失了,小心自己的命运。你的忠实好友,沃尔特·雷利。"没错——他没有"那么明智"能给塞西尔提意见。他难道看不出来即使是很小的一个行动以及最轻微的对女王施加压力的尝试都会是致命的吗?他是有多不了解那个倔强、谜一般的人物!不!如果有任何事情要做,她一定会用自己的奇怪的方式按照愿望去做。所以,国务大臣坐着原地不动,屏住呼吸,等待着,观察着。

当然,伊丽莎白需要仔细地观察情况。在那一刻,她看起来似乎满脑子想的都是琐碎的小事。她一心在想登基日的庆祝仪式,她在骑士比武场,埃塞克斯经常获得荣誉的地方,坐了好几个时辰,无忧无虑,心情愉快。过了一会儿,康普顿爵士进来了,正如一个目击者所描述的那样,"他就像是一个渔夫,他的马衣上有很多渔网,身后带着六个穿着形形色色衣服的人"。这个老妇人见了之后,脸颊两边笑得抖动起来。一个星期之后,她突然决定:"要以枢密院的名义在星法院大声宣读埃塞克斯的不法行为,在世界面前证明她对他的行为是合情合理的。"埃塞克斯自己无法出庭,他病得太严重了。但是真是这样吗?她也不是很确定,在这之前人们已经知道他因为愠怒而佯装生病。她将亲自去探视。因此,在十一月二十八日晚上四点钟,在沃里克太太和伍斯特太太的陪同下,她踏入了她的游船,去往约克官邸。其他的就无从知晓了。埃塞克斯确实是病入膏肓,很显然就要死了。他有没有意识到她的到访?说了话吗?又或者是她来看了看又走了,埃塞克斯根本没有看见她？这个问题无法回答！十一月的夜幕降临了，女王被笼进了夜色里。

第二天星法院开庭，埃塞克斯伯爵的犯罪声明被大声地朗读出来。罪状声明称，他对爱尔兰这次征战管理不善，导致其与泰龙签订了耻辱条约，而且他明确违背女王的命令私自返回英格兰。公众被允许入内，但是弗朗西斯·培根没有出席。伊丽莎白匆匆地浏览了一眼出席的名单，知道了弗朗西斯·培根的缺席。她给他传递了一条信息，问他用意何在。他回答道，为了避免暴力威胁到他的人身安全，最好还是远离这些是非。但是这个理由并没有打动她，于是几周之内女王都没有再跟他说过话。

星法院的声明没有起任何作用。几个月过去了，埃塞克斯仍然是一个囚犯。事实证明，在女王离宫的那个致命的夜晚是囚禁的开始，之后持续了近一年。囚禁也很严格，连伯爵的朋友都不允许入内看望。即使是刚刚给他生了一个女儿的埃塞克斯夫人，穿着深色的请愿人服装，一直徘徊在宫廷苦苦地哀求，也几个月都不准见她的丈夫。伊丽莎白的愤怒比以往任何时候都更加残酷。这仍然是恋人的争吵吗？ 如果是这样，那确实是一个怪事。因为现在，蔑视、恐惧和仇恨已经将它们的毒液渗透进了正在发酵的令人失望的激情中。时间一天天过去，她的愤怒日益加深。她将让他为他的无能、无礼、违抗付出代价。他还在想象他的魅力是不可抗拒的吗？她已经对他的魅力了解得很透彻了。

到了新年——这是十六世纪的最后一个新年，有两项进展。埃塞克斯开始恢复，在一月底，他的身体已经恢复到正常健康状态了。同时，女王做出了新的去处理爱尔兰情况的尝试。泰龙私自在九月份终止了休战，而且开始调遣军队对抗英国。必须要采取措施，于是伊丽莎白还是坚持了自己之前的决定，任命芒乔伊为总督。芒乔伊试着逃出这讨厌的职位，但终究是徒劳无功。伊丽莎白很坚定，一定要他去。不过，在此之前，他和塞桑普敦以及埃塞克斯的另外一个忠实追随者查尔斯·戴维斯进行了协商，讨论了他怎样才能最好地救助被囚禁的埃塞克斯伯爵。他们想出了一个非凡的提议。过去的多年间，埃塞克斯一直在和苏格兰的詹姆斯国王联系，而芒乔伊本人在爱尔兰战役期间曾经写过信给国王，希望他能够在这件事情上支持一下埃塞克斯，埃塞克斯对此知不知情还不确定。然而詹姆斯的回答让人很不满意，因此这个办法直接不用考虑，但是现在这件事以一种惊人的口气和更确定的方式被再次提出。大家都知道苏格兰国王制定政策的首要目标就是获得英国王位。芒乔伊建议应该给詹姆斯发送一条消息，通知他塞西尔对于他的继任抱有敌意，他唯一的机会就寄于埃塞克斯能够恢复原职上，如果他愿意采取行动帮助埃塞克斯，那么芒乔伊自己将会带着四千到五千左右的兵马从爱尔兰渡海东进，联合他们共同的力量，那么他们就能够让英国政府听从他们的命令。塞桑普敦以及戴维斯同意这一计划，毫无疑问，埃塞克斯自己也同意，因为共谋者已经找到秘密和约克官邸通信的办法了。送信人被派遣到了苏格兰，实际上芒乔伊在他的脑子里已经开始想着通过这个冒险的叛国计划占领苏格兰的政府。但是詹姆斯是一个谨慎小心之人，他的回答模棱两可且敷衍了事，这一情况已

183

告知芒乔伊,并通知他放弃进军英格兰的计划。

但不久之后又有了变化。在春天,塞桑普敦去了爱尔兰,埃塞克斯借机给芒乔伊送了一封信,敦促他按原计划执行任务,不管有没有詹姆斯的支持都带领军队前往英格兰。然而,芒乔伊改变了主意。爱尔兰也对他产生一种意想不到的影响。他不再是原来那个甘愿跟随他那非凡朋友脚步的查尔斯·布朗特了,他突然认清了自己的职责。他不再是追随者了,他是一个指挥官,他觉得前人没有做到的事情他可以做到,他能平定爱尔兰,他能打败泰龙。佩内洛普本人不会让他逃离这个命运。他给埃塞克斯的答复很有礼貌,也很坚定。"他不会为了满足埃塞克斯阁下的野心而参加一个这样性质的活动。"

同时,伊丽莎白没有意识到这些阴谋诡计,她沮丧地想着自己要如何处置埃塞克斯。把他关进伦敦塔?考虑到全局,她觉得还是不这么做了。他的行为确实很糟糕,但是还没有糟糕到那种地步。虽然如此,她还是要把罪犯迁出约克官邸。没法让可怜的掌玺大臣永远做监狱长啊,而在安东尼·培根以及他所有的朋友被驱逐出去之后,埃塞克斯则被送往了她自己的府邸,还是像原来一样严格限制他的一举一动。接着,她的脑海中再次想到了星法院。她召来培根商量,他再次反对女王的想法,他再一次告诉女王埃塞克斯所犯的错误根本不应该受这么严重的审理方式,而且他和人民结合在一起的力量是非常强大而危险的。这一次,她和他看法一致。于是女王决定自己设计成立一个纪律审裁组。应该会有一场好戏上演,不法之徒应该受到严厉的教训,让他们认罪，受到点小惊吓，然后再放他们走。因此，她做了安排，大家都一致赞同。都铎王朝霸气的家长式统治作风从来没有以现在这样一种令人好奇的方式展现。埃塞克斯是一个淘气的男孩，因为一些捣乱行为而被关到房间里，提供给他食物，现在他被带到了楼下，要好好责骂一番，然后告知他不用再挨受鞭打。

一六零零年六月五日，训典仪式在约克官邸举行，并且持续了十一个小时没有停歇。埃塞克斯跪在审判席下，身边围绕着一群庄严地坐着的枢密院大臣。一段时间之后，坎特伯雷大主教提出让伯爵站起来，这个提议被准许了，接着允许他倚靠，最终允许他坐下。皇室律师一个接一个地遣责他的罪行，除了后面添加的一两项以外，其实和星法院声明中说的基本一致了。指控律师中也包括培根。他写了一封巧妙的信，请求免除参与诉讼，但补充说，如果陛下希望，他也不会拒绝。陛下自然是非常想让他参加的，并安排培根去提醒爵士们注意埃塞克斯接受海华德在《亨利四世历史》中献词的不当行为。他非常明白控诉无用，但是他还是按令行事。一切顺利，埃塞克斯已经准备好深刻的谢罪书。然而，庄严的场面被首席检察官爱德华·科克激动的责骂言辞破坏了。当埃塞克斯发现自己以这样一种形式被攻击时，他无法克制，做出了一些愤怒的回应。加上科克反驳，于是这场训教恶化成了一场争吵，塞西尔急忙用一些圆滑的言论进行调和。之后，法院给出了判决。伦敦塔内监禁和巨额罚款暂时算在伯爵头上。但是，当伯爵悲惨地公开大声读出他的罪行，接着又祈求宽恕的时候，他被告知可以回家，等待女王发落。

他等了一个月，什么事情也没发生。最后，他的卫兵撤走了，但他仍然被命令留在家里不许外出。直到 8 月底，他才完全获得了自由。伊丽莎白很温和，但她尽可能表现出那种不悦的温和。整个夏天，他一直都在和培根会面，现在培根已经成为女王和伯爵之间的中间人。他为他在约克府邸所做的事情向埃塞克斯道歉，而埃塞克斯也宽宏大量地接受了。现在他以埃塞克斯的名义编写了两封精心设计的信，发给女王，并恳求她的宽恕。不仅如此，他伪造了他哥哥安东尼写给埃塞克斯的信，以及埃塞克斯的回信，内容非常精彩，其中每一个人的风格都被精湛地模仿，伯爵对女王的忠诚完美地展现出来，然后他拿起这两件作品展示给了女王。顺便一提，其中很多内容都在帮他自己说话，但效果不佳。也许伊丽莎白太过于熟悉剧院戏台上阴谋家设计的策略，当它们在现实生活中重演时，就不可能完全不怀疑。

但埃塞克斯并不依赖培根的干预。他一次又一次地写信给女王，用不同的语气表达了他的悲伤，恳求女王能够完全宽恕他，他请求女王能再见他一面。"现在听到陛下公正的声音之后，我谦卑地渴望听到您亲口说出的恩典，否则纵然陛下您再添仁慈，却将带我进入另一个世界了。""我接受不到恩泽，陛下也显示不出仁慈。如果陛下您能向我保证，哪怕给我一次机会让我臣服在您的脚下，看着您美丽而优雅的双眸，虽然除了您指派带我入此乐园的仆人之外，其他人对此一无所知，即使之后陛下惩罚我，监禁我，或者将我判处死刑，但陛下在我心中还是最仁慈的，我仍然会很开心。"他如此写道，但是，他并不仅仅是写给伊丽莎白一个人。甚至当他在倾吐这些悔恨和抗议的时候,他却一直在回想爱尔兰发生的事。有一天,他召见查尔斯·戴维斯爵士,让他再次尝试让芒乔伊听命于女王。戴维斯非常了解会有什么结果。但是他对伯爵绝对忠诚,正如他之后说的那样,"伯爵以一种高尚的方式拯救了我的生命,他为我遭受了不少苦难,而且用了很多办法把我和他尽量联系在一起,我的命是他救的,所以我的房产,财富等都供他任意处置,"这位敬慕的大臣立刻骑上马按照埃塞克斯的吩咐去办。

埃塞克斯认为,关键时刻就要到了,这将展示伊丽莎白心中的真实想法。她授予他十年的甜葡萄酒的垄断专权将会在米迦勒节①到期,她会续约吗?这给他带来了巨额收入,如果女王中断他这份收入,就会导致他陷入贫穷。恩惠与希望,失宠与毁灭,这两者之一的选择似乎都取决于她对这个问题的决定。她本身对这个问题再清楚不过了。她对培根谈到了这个话题。她说:"我的大臣埃塞克斯给我写了一些非常忠诚的信,我深受感动。"但是她令人毛骨悚然地笑了起来,"我以为这是因为他内心一片赤诚,但是却发现那只是因为他想让我留住他的甜葡萄酒庄罢了。"

不过,有一封信或许比所有的信都要打动她。"我匆忙地写信寄往那幸福的女王陛下,我只是一个不幸被放逐之人,亲吻那双美丽能够拨乱反正之手,这双手给我的轻伤贴上了新的药膏,但

---

① 基督教节日,纪念天使长米迦勒。西方教会定在9月29日,东正教会定在11月8日。

是对我的重伤却无丝毫作用。历经痛苦，饱受折磨和绝望的埃塞克斯来信。"她是不是觉得这些话无法抵制？可能就是这样。从另一封信中的一些词句中我们可能会猜到女王与伯爵确实有过一次会见。但是，如果有的话，它也应该会灾难性地结束。在他慷慨激愤的演讲中，可怕的痛恨在她内心深处涌动。她命令埃塞克斯离开，她用双手把他推开。

她犹豫了一个月，然后宣布，甜葡萄酒的利润从今以后将由皇室所有。这对于埃塞克斯的影响是巨大的。他变得好像着魔了似的。戴维斯已经从芒乔伊那带来了回话，他的决定是不可逆转的。"他希望阁下有耐心，用普通的方式再次赢得女王的正常青睐，尽管迄今为止他所拥有的无法与昨日相提并论，但他也应该感到满足了。""耐心点！知足吧！这样的话已经是过去式！"他愤怒地狂奔，然后突然退缩，绝望地诅咒自己。"他转过身去，"哈灵顿写道，这个时候他恰好曾经拜访过埃塞克斯，"真是令人唏嘘，从悲伤和悔悟到愤怒和叛乱，一切都来得这么突然，这也证明他没什么健全的理智或正确的思想……他吐出一些奇怪的话，而且还打算付诸行动，我赶紧起身离开他……"他对女王的评价"不像出自一个心智健全人之口"。他身边有很多出馊主意的人，而这也是很多邪恶的来源。女王知道如何让这傲慢的灵魂变得谦卑，但这个傲慢的灵魂不知道该怎么屈服，他的灵魂似乎来来回回地摇荡，就像是波涛汹涌的大海中的波浪。

他对女王的评价确实是疯狂的。有一次他发表了对女王的评价："她的现状就和她的躯壳一样弯曲！"这些难以忍受的话传到了伊丽莎白的耳朵里，这件事便一直在女王的脑海里挥之不去。

也许，她也是气坏了。难道她没有看见她正身陷一个巨大的灾难吗？通过给予他自由，把他带入贫困，羞辱他但是却不碾压他，难道她不知道这种对待伯爵的办法是最危险的吗？她一生的热情都用在了寻找折中办法上，这为她带来了所有的荣耀，而现在却成了她的怪癖，而且即将成为她的祸根。她陷入一种非凡的麻痹状态，她选择忽视她即将到来的厄运。

但是任何事态都没有逃过国务大臣的双眼。他看见了发生的一切，而且知道接下来会发生什么。他了解发生在特鲁里街官邸塞桑普敦爵士家集会的所有事情。他发现了来自乡村的新面孔，一群不寻常的绅士趾高气扬地在海滨大道的邻区走着，空气中散发着蠢蠢欲动的气息。他为这重要的一刻做着准备，以防变故发生。

第十四章

现在，埃塞克斯确实放弃了自己，走上了绝路。他没有再见安东尼·培根，他只听他母亲佩内洛普·里奇的建议，克里斯托弗·伯朗特的大怒以及亨利·卡夫的无情劝告。虽然芒乔伊已经拒绝了他，但是他仍然与苏格兰国王进行了通信，仍然希望从这个方向可以得到解救。在新的一年的开端（一六零一年），他写信给詹姆斯国王，要求他派一位特使到伦敦，与他商议一项共同的行动方案。而这一次詹姆斯同意了，他命令马尔伯爵前往英格兰，而这时他给埃塞克斯送了封鼓励信。这封信比大使先到。埃塞克斯把它保存在一个黑色的皮革钱包里，挂在他的脖子上隐藏了起来。

最后的爆发就要来临。伯爵的党羽在热情、恐惧和仇恨中蠢蠢欲动。他们在这座城市中散播谣言，于是荒诞的谣言在整个城市中流传。谣言称国务大臣是西班牙人的朋友。事实上，他用诡计帮助西班牙的公主继承英格兰的皇位，但是更危险的人物是令人讨厌的雷利。每个人都知道，这个人野心勃勃，毫无顾忌，他目无王法,不管是人们制定的法律还是上天赐予的法律都不放在眼里。因此谣言口口相传,说他如果没有其他办法摆脱伯爵的话,就发誓要亲手杀了他。但是,也许伯爵的敌人已经败坏了女王的思想,使女王心中起了邪念,这样就没必要采取此等暴力措施。在二月的第一个星期,谣言四起,说埃塞克斯马上要被关入伦敦塔内。也许埃塞克斯本人都相信了,他向他的朋友征求意见,而对他们而言似乎再多等一秒马尔伯爵都是煎熬,在我们获取主动权之前,时间紧迫。但是有什么办法呢?有些人建议直接攻击王宫,而且制定了一个详细的计划,可以通过暴力最小化来对女王进行控制。其他人认为,最好的计划是支持伯爵召集整座城市进行起义,有整座城市作为后盾,他们就能够确保慑服朝廷。埃塞克斯什么也决定不了,他仍然非常犹豫不决,可以想象,即使是现在,如果没有发生任何事情推动他采取行动,他一定会无限期地推迟这两个计划,并回到他习惯的那种碌碌无为的状态。

有些事情证明塞西尔是个高雅的天才。本着精准的本能,国务大臣觉得现在正是把这个问题提上议程的最佳时期,所以他这样做了。稍微地助力了一把。二月七日星期六上午,一名信使从女王那送了一封信到埃塞克斯的府邸,女王邀请伯爵参加枢密院会议。目的很明确。在阴谋者看来,这显然是企图抓住伯爵,而且除非他们立即采取行动,否则就会失去一切。埃塞克斯拒绝去。他回复说他生病了,下不了床,他的朋友都围在他身边。女王决定明天一定要结束国务大臣的权力。

"女王本身不容侵犯,这一点哪个卑鄙之人会如此疯狂,疯狂到去质疑它?"埃塞克斯时常很坚决地这么说。然而,很显然,在冲动的群众中还是有一些人甚至用亵渎的眼光来看待这位神圣的荣光女王。在那个周六下午,发生了一件神奇的事。吉利·梅里克爵士是埃塞克斯最热忱的追随者之一,他和他的一群朋友一起渡河去萨瑟克区①找戏剧演员。他很坚定地说,人们应该知道可以罢黜英格兰的君主,那天下午,他要求演员表演《理查德二世》。演员拒绝:这部剧是部老剧了,如果他们表演的话会亏本。但是吉利爵士仍然坚持,如果他们能如其所愿,他愿意支付他们四十先令,双方达成一致之后,戏剧便上演了。这无疑是一个很奇怪的情况!相比文学而言,吉利爵士一定更精通历史,不然的话,为什么他能够想象到莎士比亚作品中那位名不见经传的诗人主角的悲剧性经历能够打动世人,使他们用实际行动去反对一位如此标新立异的统治者呢?

政府意识到了这一切,于是采取了预防措施,星期天上午,白厅的警卫增加了一倍。查尔斯·戴维斯爵士早早地到了那里进行侦查,带回消息说攻打宫廷不太可能了,他建议伯爵从伦敦秘密逃跑,进入威尔士,在那里举旗起义。克里斯托弗·布朗特爵士建议立即采取行动,他的观点得到越来越多的武装人员的支持,他们从黎明以来,就一直涌入埃塞克斯府邸的庭院中。十点钟的时候,庭院就已经聚集了三百名警卫,当有人敲门的时候,

---

① 英国英格兰大伦敦内伦敦的自治市,在伦敦市和泰晤士河正南方。

埃塞克斯就在他们中间。后门被打开了，门外站着四名高官显贵，掌玺大臣、伍斯特伯爵、威廉姆·诺利斯爵士和首席大法官。他们的仆人在外候着，但允许他们本人进来。埃杰顿说，他们奉女王之命而来，调查这次集会的原因，如果这举动是出于对什么人的怨恨，不管怎样的申诉都可以提出来，一定秉公处理。庭院中噪音和骚动非常大，谈话是不可能的，于是埃塞克斯邀请这四位面容严肃而内心忐忑的特使随他一起去他的书房谈。他们跟着伯爵去了，他们还没到书房，人群就跟在他们后面闯进来了。有人喊叫道："杀死他们！杀死他们！"而其他人喊着："堵住他们！"伯爵被他那些大喊大叫、用手势示意的追随者包围着。他试着说话，但被他们打断了。"快走，阁下，他们虐待你、背叛你，他们要废了你，快，没时间了！"他在人群中什么也干不了，而当枢密院的大臣命令他们放下武器平静地离开时，却只是枉然，他发现自己被人群推向了大门口。他命令埃杰顿和其他人待在原地不动。他大声告诉他们他不久之后就回来的，然后就跟他们去见女王了。然后埃塞克斯走出了房间，把四位枢密院大臣关在里面，他们被"关起来了"。楼下和院子里都聚集着疯狂的暴民。接着大门被打开，他们都冲到了街上。即使如此，在最后一刻，他还是很犹豫。他们去哪里？"去王宫！去王宫！"有些人喊道，所有的人都等着埃塞克斯。但他突然下定决心，转向了伦敦市区。没错，接着就去市区了。但是，人太多，马匹不够，他们必须走路。海滨大道就在他们面前，他们沿着海滨大道匆匆赶路，炫耀着他们的武器。身材高大，穿着一身黑衣服的克里斯托弗·

布朗特爵士在所有人面前大步流星。"前进！前进！前进！加油！加油！加油！"他喊道，用狂野的手势语无伦次地叫喊鼓动市民为伯爵发动伦敦起义。

叛乱分子从路德门进城，但政府领先他们一步。已经让传教士带话告诉公民待在家里面，全副武装，不要出门，听候命令。公民服从了。他们究竟服不服从呢？伯爵是他们的英雄，但是他们是女王的忠臣子民啊。对这次突然爆发的叛乱，他们完全没有准备并且不明白其中的原因。然后他们得到消息称，伯爵被宣布为叛徒。宣判中带有的可怕的言辞和严厉惩罚让他们的灵魂都受到了惊吓。到了中午，埃塞克斯和他的支持者都在圣保罗大教堂，没有任何民众起义的迹象。他向前走，边走边大声说现在有人要谋杀他，英格兰的王位被卖给了西班牙的公主。但是没有用，没有回应，没有一个人加入他的起义队伍。街上的那些人静静地站着，保持沉默，街道两边那些疑惑而受到惊吓的面孔透过窗户和门看着他。他曾经希望在保罗十字架上发表演讲，但在这样的气氛中，一场提前准备好的演讲显然是不可能的。此外，现在他的自信心已经完全没有了。当他沿着齐普赛街走的时候，所有的人都可以看出他的绝望。他的脸上汗如泉涌，面部由于惊吓而发生扭曲。他终于知道他被毁了，他的一生都在这个可怕的惨败中摧毁了。

在天恩寺街，他进了朋友谢里夫·史密斯的府邸，希望能够获得他的支持。但是，谢里夫虽然很同情他，但却不傻，他以要去咨询市长为借口先撤离了。在他稍微清醒点之后，埃塞克斯猛然发现他的很多追随者都已经溜走了，而政府的力量正聚集在一起对抗他。他决定回到家中。但在路德门，却发现路已经被堵住了。伦敦主教和约翰·莱韦森爵士召集了一些士兵和善良的公民，并在狭窄的入口处拉了一些链条。反叛分子向前进攻但是被击退了。克里斯托弗爵士受伤了，一个男侍被杀，而其他一些人也受了致命伤。埃塞克斯下了河。他乘船划到了埃塞克斯府邸，通过水闸进了门。他发现四名大臣已经被释放了，并已经回到了白厅。他匆忙地捣毁了一大堆有罪的文件，其中包括挂在脖子上的黑色皮夹包里的内容，他继续对府邸设置防御。很快，由海军上将领军的女王军队就出现在他面前了，还带了炮兵，很明显，抵抗是无用的。经过一段短暂的谈判，埃塞克斯无条件投降，立即被送往了伦敦塔。

第十五章

尽管白厅定然会有些让人担忧的时刻，但是政府从未陷于任何危险境地。可以想象，伦敦市民可能会回应伯爵的煽动，一场暴力斗争在所难免，但伊丽莎白从不乏勇气，她异常冷静地等待着这件大事的发展。当消息传来说一切正常的时候，她知道人民的忠诚是可靠的，她的疑虑消解了。她命令立即审讯埃塞克斯及其追随者。

近百人被羁押，议会立即对罪魁祸首进行调查。很快，过去十八个月的整个阴谋过程已经浮出水面，包括与詹姆斯的通信，和芒乔伊的纵容。对埃塞克斯和塞桑普敦两名伯爵的审判定于二月十八日，由贵族特别委员会审判。控方将采取何种路线？他们很快决定绝口不提关于苏格兰的事，那些牵连到芒乔伊的事实一定要保密，因为现在还无法撤销他在爱尔兰的职务。即使没有提到这种微妙和尴尬的细节，还是会有充分的叛国证据。

培根已经对一些次要的囚犯进行初步审查，现在女王要求他担任两位伯爵的公诉律师。他毫不犹豫。在这种情况下，其他的人可能会很难做出决定，但他可以非常清楚地区分伯爵的要求与法律的要求。私人友谊和私人利益是一回事；肩负起国家要求承担的公共职责，将一个危险的罪犯绳之以法又是另一回事了。他并不是审判人员，他只是一个律师，要做的就是尽自己最大的努力把这个案件在贵族评审团面前上呈女王。他自己的意见和感觉都无关紧要。毫无疑问，通过参与诉讼，他将获得很大的好处。从经济角度来说，这一定是天赐良机，因为他仍然被债务追得很紧，此外，未来还有机会讨好他的表弟罗伯特·塞西尔，毫无疑问现在他在英格兰是最有权力的人物。但是，因为他是他表弟就应该拒绝这份工作吗？这么说毫无道理。难道作为一个拿钱办事的律师，遵循他自己的动机就是可耻的吗？此外，还有进一步的复杂意义。很明显对政府来说，将弗朗西斯·培根当成其积极的支持者是特别有用的。伯爵是他的庇护主，是他兄弟的好朋友，如果他现在已经准备好成为伯爵的控诉者之一，且不说对裁判影响多大，但对公众的影响肯定是巨大的，这样一来就很难否认埃塞克斯的这个案子是真的很严重，因为弗朗西斯·培根也参与了控诉。一方面，如果他拒绝的话，无疑会招致女王的不满，而且得承担实际处罚的风险。这可能意味着他的职业生涯的结束。接下来会发生什么？当然只有笨蛋才会因为困惑而犹豫不决。政府行为的责任在于政府，还轮不到他询问其目的。而且，通过履行职责就能避免财务上的灾难，这样多好啊！其他人可能无法区分附带利益和犯罪利益，但对他来说，这一切都一清二楚。

他的智慧从来没有像现在这样发挥得如此令人满意。论证是完美的。事实上，只有一个小瑕疵，那就是这个论证竟然是由培根做出的。一个笨蛋可能会做得更好，因为一个笨蛋可以本能地看出这种情况的本质。这是一个能够广泛赢得人心的场合，而不是比拼微妙到刀尖上的智慧的场合。培根看不透这一点，他看不到伯爵对他的长期友谊、恩惠、慷慨和钦佩，这使得他对埃塞克斯伯爵的落井下石成了一件可悲而可耻的事情。查尔斯·戴维斯爵士不是一个聪明的人，但是他对恩人绝对忠诚的精神在破烂不堪的历史书中仍然散发着芳香。就培根的情况而言，并不提倡他这种鲁莽的英雄主义，回避就够了。如果他勇敢地面对女王的不满，回到剑桥，节省开支，开除琼斯，并致力于那些他真正喜欢的科学……但这是不可能的，这不是他的本性或命运。高官俸禄在等着他。他一定要充分地发挥自己的才智。人们都痴迷地望着那闪闪发光的诱惑，根本无法转移自己的视线。

　　国家的审判只是一个戏剧性的形式。判决事先由行政部门确定，所有有关方面都清楚地了解程序。这样的诉讼程序具有政治性质的意义，它们使那些有权力的人能够向公众陈诉他们处罚那些囚犯的理由，把他们的动机摆到世界面前，希望通过这样的方式来让大家觉得他们就是以这种动机为出发点的。在目前的情况下，被告的犯罪事实是毋庸置疑的。法院同行曾经咨询过法官，法官宣布，星期天埃塞克斯及其追随者的行为，无论其意图如何，行为本身就构成了叛国罪，因此只要通过正式的程序来证明他们的行为，就可以判刑了。游行经过这个城市竟然能够引起如此可怕的后果，这难免会引发公众的愤慨情绪，而且检方的目的是展示埃塞克斯犯了危险和蓄意的阴谋罪。对于事实上案件中最严重的部分——勾结苏格兰国王,则必须压下来不对外宣布,这对于刑事律师是一大障碍,但他们的立场是非常强硬的。被告不允许有律师辩护,他们的盘问权被减到最小,在某种意义上来说,最重要的证人、证据是以证词的方式向法院大声读出的,而证词是在伦敦塔中讯问得到的,根本无法控制或验证。总的来说,可以确定的是,稍微掌控一下审理过程,检控机关就能够堂而皇之地诋毁囚犯的行为和性格,对其定罪。

然而,良好的掌控能力正是皇室领导人爱德华·科克缺乏的。在这个非常重要的时刻,首席检察官再一次犯了他在约克官邸犯下的战略上的错误。他大肆虐待他的对手,以此唤起敌方的同情,而且他任由自己被敌人带入激烈的争论中,从而掩盖了这个案件的真正问题。在这些争辩中,埃塞克斯不止一次将争端带入敌方阵营。他强烈地宣称雷利早已打算谋杀他,雷利在证人席中,否认不相关的指控。稍后,埃塞克斯提出了国务大臣向西班牙人出售王位继承权的事。随之而来的是一个意想不到的惊人场景。塞西尔一直在幕后倾听诉讼,突然走出来,扑通跪下,乞求法官给他一个机会在这场诽谤中自证清白。他的请求得到了允许。在与埃塞克斯长时间的争执之后,塞西尔引出了一个事实,即这项控告中的举报人是威廉姆·诺利斯爵士,伯爵的舅父。然后,轮到诺利斯作证,他的证据证明国务大臣无罪。他说,所有发生的事情都来自塞西尔曾经向他提到过的一本书,其中公主的头衔位于首位。埃塞克斯的指责已经站不住脚了。但是,在几个时辰之后，这场诉讼并没有进一步证明他的犯罪意图。科克大喊大叫、虚张声势都是无用的。"这就是你的目的，"他喊着，手指颤抖着指向埃塞克斯，"你不仅要毁灭伦敦塔，而且要把皇宫和女王的人一起毁灭，然后再夺走她的生命！"这样夸张的说法只会损害他自己的起诉理由。

培根目睹了一切，并断定是时候干预了。争论的真正问题即伯爵动机的确切性质确实是一个复杂和晦涩的问题。即使是最普通人的动机也从来都是不容易理清的，而埃塞克斯远非普通人。他的思想是极端的。他从一个极端到另一个极端，他允许最奇怪的矛盾一起生根发芽，在他的心里并肩成长。他可以同时喜欢和讨厌所有的一切，他是一个忠实的仆人，也是一个可耻的反叛者。以公正的眼光来看，不可能在他的行为中查看到任何形式的决心。他被他的激情和突发情况的阵风吹得飘来荡去。他心怀谋反的想法，最后制定了谋反的计划，但是断断续续地，他处于浪漫的忠诚和高贵的悔恨的间隔之中。他在爱尔兰的行为是其矛盾行为中的典型。在建议带领部队入侵英格兰后，他又彻底地转变方向去抵抗泰龙。最终结果证明，他已经走得太远无法回头了，于是被自己的追随者和女王的仇恨推着往前走，陷入了绝望之中。但是，直到最后一刻，他还是心怀不定，内心不安。他的本性中并没有恶意。很有可能他相信塞西尔的叛国行为，正如所发生的那样，这个信念是空穴来风，表面看起来塞西尔是忠诚的，但实际上他收受了西班牙的抚恤金。这个不切实际的人物坚信自己的崇高目标，他很可能在盲目乐观的梦想着会设法实现不流血的革命，梦想着可以把塞西尔和雷利轻而易举地抛在一边。那样的话，承载他真正的感情、真正的钦佩和真正的野心的道路将再次敞开。此后，女王将属于他，而他也属于女王，两个人沐浴在光荣的幸福中直至死亡将他们分开。

这是他内心的想法，然而弗朗西斯·培根根本没有理解。他们距离那种清晰而明朗的超凡智慧境界相差甚远。这位《随笔集》的作者也可能希望有所了解，但是却永远无法理解以情感而非理性为主的这种心理状态。但是，在现在这个场合，他并不想去了解。他没有一点同情心。事实是什么？只有凭借事实才能够判断一个人的行为，而法院被指责因不相干的言论转移了注意力，开始理不清真相了。他要做的就是平静而坚定地对囚犯的借口和托词置之不理，并把法官和公众的注意力集中在对整件事情真正重要的点上。

凭借完美的技巧，培根通过引经据典来解释自己的言论，向审判的贵族们的修养致敬。他说，所有的历史都清晰地说明"从来没有任何叛国者会承认自己是叛国者，他们总是用一些似是而非的借口掩饰自己的行为。"埃塞克斯"已经使出他的手段"让一些大臣和顾问失去了陛下的青睐，他害怕处于那些虚伪的敌人之间，怕他们会在他的房间里谋杀他。所以他说，他是被迫往市区寻求救济和援助，这与皮西斯特拉妥[①]很像。 古籍中记载了皮西斯特拉妥是如何砍伤和伤害自己，而且因为这个原因哭着跑向雅

---

① 约公元前 600 年—前 527 年，雅典暴君。

典,差点就丢了性命,他想着通过自己伪造出来的受伤和危险的假象来感动人们,以此获得同情和支持,然而,他的目标和意图是要攫取这座城市的政府权力,因此来改变其统治形式。埃塞克斯伯爵以同样的伎俩假装自己遇到了危险和袭击,进入了伦敦市。在现实中"他没有这样的敌人,也没有遇到这样的危险。"事实很清楚,"我的阁下",他转向了囚犯,"就此你所做的任何争辩或者回答都只不过是空穴来风的幻影而已。因此,你最好坦白而非辩解。"

埃塞克斯永远分不清个性与争论。他回答说要请培根先生来为自己辩驳一下。然后他告诉了法庭事情的缘由,就在几个月前,他的指控者以他的名义写了一封信,并给女王过目,信件中把他的行为说成"我尽可能地遵守法律""这些无关的话"。培根冷冷地说,"说明不了问题,也与本案无关"。信件是无关痛痒的,"再说"他补充说道,"在学习如何使伯爵成为女王和国家的好公仆这件事情上,我比我做任何事情花的时间都要多,但一切都只是徒劳。"

然后他便坐下来了,在科克的指引下又谈到了这个案件。他们又读了一遍其他阴谋者的供词,但诉讼一团乱麻、毫无头绪,一个个零星的线索串联起来却依旧徒劳无功。最后,当首席检察官高声训斥被告背叛宗教信仰,提出就此为这一案件提供证据时,贵族们拒绝听证。混乱再次袭来,而培根也再一次把注意力集中在中心问题上。"我从来没有在任何案件中看到人们如此支持一个囚犯,"他说,"各方零碎地呈供这么多的细枝末节的证据,对如此重大且臭名昭著的叛国罪做出此等愚蠢的答辩。"然后他大声朗读法官依据法律提出的意见,并且继续说:"要进行秘密商议,执行秘密决定,聚众配备武器上街,还有什么可以作为借口?掌玺大臣、传令官都警告了他,但他冥顽不化。有哪个头脑简单的人不会把这当成是叛国呢?"埃塞克斯打断道:"如果我只是企图打击报复我自己的敌人,那么,我也不会召集这么少的人马。"培根思忖了一会儿,然后直接对伯爵说:"你所依靠的不是一队人马,而是希望在城市中能得到你所信任之人的帮助。在街垒战那天,吉斯公爵穿着紧身上衣和紧身裤,与八个贵族径直闯入巴黎街道,在这个城市得到了别人得不到的帮助。接下来呢?国王被迫穿上朝圣者的黑纱服,并以此种伪装的方式偷偷溜走,以逃脱愤怒人群的攻击。"他转向贵族们并总结道,"这也是我主人的自信所在,而他的借口是一样的——对这座城市打个招呼和表示爱意。但他的目的终究是叛国,这已经得到充分证明。"

这事件的冲击力确实很猛,但培根的话不再只针对法院和公众。对比吉斯事件,人们对这场叛乱记忆犹新,事实远比学习到的皮西斯特拉妥的典故更为致命。引用吉斯这件事的目的只有一个:正是要精准地触动女王最敏感的地方,即女王的思想。把埃塞克斯带到她面前,把他塑造成那个曾经发动整个巴黎反抗亨利三世的人的形象,这是诽谤的高招。这些话毫无疑问会传到伊丽莎白耳朵里,但是实际上传到了别人耳朵里——隐形的听众,他在戏剧性的表演之后,已经回到了帘幕之后。国务大臣凭借其智慧已经充分理解了言论的微妙含义,他表哥的行为令人钦佩。伯爵无言以对。弗朗西斯·培根的任务已经结束了。

两个囚徒都无法逃脱罪名，而叛乱的罪名也以正常的方式进行了判决。在审判的严酷考验中，埃塞克斯勇敢、庄重且镇静，但是现在，回到伦敦塔之后，他内心有一种强烈的反感情绪，痛苦和惊恐让他无法忍受。女王派了一个清教徒牧师去服侍他，借机让他心怀愧疚，同时让他的想象中充满恐怖的地狱场景。他完全崩溃了。自立、自尊都在如洪水般苦闷的哀叹中一扫而光。他说，他希望向枢密院招供。大臣们来了，在上帝的审判座之前，他卑躬屈膝，万分心碎，他向他们招认说，他是一个凄惨的罪人。他哭着说出了自己不可原谅的罪行。不仅如此，他谴责了他同伴的黑暗思想、致命的建议还有恶行。他们也是叛徒和恶棍，比他自己好不到哪里去。他把他们全都痛骂了一顿——他的继父，查尔斯·戴维斯爵士和亨利·卡夫，一个比一个坏，是他们引诱他去做这些恶劣的罪行的，而现在他们都在共同的厄运下沉沦。他的妹妹也是！不要把她给忘了，她一直是最邪恶的人！她犯的罪行不是不止一项吗？"一定要盯紧她，"他叫喊着，"因为她骄傲得很！"然后还说到了芒乔伊的罪恶语言、虚伪的友谊和婚姻的背叛。然后，当这位严肃的枢密院大臣在尴尬的沉默中倾听的时候，他再一次讲到了自己的滔天罪行。他说："我知道，我对女王和上帝所犯下的罪行，我必须向你承认，我是这片土地上最卑鄙和最忘恩负义的头号叛徒。"

当这些关于弱点和羞辱的痛苦场面正在伦敦塔内发生时，伊丽莎白已经撤回到白厅最隐秘的地方。每个人都对她怀着揣测、希望和恐惧。未来的命运在她强大的掌控中旋转和颤抖。要猜测出她是怎么得出最后结论的根本不难。她遇见的实际危险，即使有培根的提醒，在她看来在整个案件中根本不值一提。起义就是一种愚蠢的行为，从一开始就注定要遭受可耻的失败，这种行为是如此脆弱和无效，就其本身来说，根本就还没到应该处以极端法律惩罚的程度。如果由于其他原因，她倾向于仁慈，那么就会有很多理由对此事采取宽容态度，也许也就把死刑转变成了监禁或者扣押。与苏格兰的詹姆斯国王勾结确实比较严重，但已经证明阴谋并未成型，这件事情只有少数身在高位的人知道，因此最好选择遗忘。那么，还有其他的原因可以让女王网开一面吗？肯定还有。那些却不是司法理由，也不是政治理由，（它们）纯粹是个人感情，当然，在这个事实中取决于人情的力量。

立即忘掉悲惨的过去，再次冰释前嫌，收获新的狂喜来重获久违的幸福？很显然，什么也无法阻挡她这么做，她有这样做的权力，她可以运用她的皇家赦免权来赦免伯爵，在经历短暂的黑暗之后，伯爵就能够再次和她在一起。没有人会反对她，她知道，塞西尔将毫无怨言地接受这种情况，所以难道一切不会变得更好吗？这确实是一个美好的愿景，她让自己沿着欲望之流愉快地漂流。但为时不长，她无法无限期地停留在想象中。现实感涌现出来，偷偷潜入，压过一切。现实用无情的手指将不真实的玫瑰色宫殿压成了碎片。她再次站在阴沉的岩石上。她清楚地看到，她永远不能相信他，未来总是重复着过去，无论她可能有什么感受，他的感觉一直是分裂的、危险的、非常棘手的。即使摆脱了这场灾难，另一个甚至更糟的还是会随之而来。

她一生都是个冒险家，但现在那种冒险的热情已所剩无几，为什么不用残存的热情继续那种危险的旧的生活方式，乘着迎风航行的船只猛烈地抢风航行？暂且让他与詹姆斯去苏格兰密谋吧，她能对付得了！让他拿出最狠的本领来看看。她同样会加倍奉还。她会与他搏斗，掌握他，把他攥在手心，并赦免他。庄严地，欣喜若狂地赦免他，一次又一次！如果她失败了，那么这将是一个新的经历！而且她多次这么说："大自然的美在于变化。"是的，确实是，她和自然很像，千姿百态，美丽动人……一个可怕的记忆震撼了她，可怕、令人愤慨的语言再次回荡在她的脑海里。"弯曲的躯壳"——这就是他对她的想法！他嘴上对她倾诉甜言蜜语和爱慕，但心里却厌恶她，鄙视她，拒绝她。这有可能吗？如果这样的话，他们之间的关系长久以来只是无耻的欺骗吗？这一切都是苦难和盲目？他曾经真的爱过她吗？哪怕只有一次！但过去已经结束了，时间无法倒流。每一刻都扩展着他们之间绝望的深渊。这样的梦想是非常愚蠢的。她宁愿不看到镜子中的自己，她为什么要看？没有必要。即使没有她经历的那些事情，她也非常清楚自己的处境。她是一个六十七岁可怜的老太婆。最后，她终于认清了事实——整个事实。

她巨大的虚荣心下，被压抑的浪漫主义城堡破碎了，愤怒和仇恨在其废墟上插上了它们的旗帜。这么久以来，她内心深处波动起伏的仇恨已经在胜利中爆发出来，冲向她痛苦和耻辱的始作俑者。他以每一种可能的方式在精神上、情感上和物质上，在世界面前和最甜蜜的私人秘密之间背叛了她,不管她作为女王还是女人。而实际上,他居然想象过自己可以逃避这种不义之举带来的厄运,他也想象过站起来反对她。把女王犹豫所带来的力量误认为是她顺从性格的弱点。他终将会悲伤地觉醒!他会发现,她不愧是一代君王之后,懂得如何统治一个国家,以及如何惩罚那些她最爱的人的背叛。是的,确实,她感受到了自己骨子里有她父亲的影子。当她决定像她的父亲处死她的母亲那样处死她的情人时,一股非凡的激情推动着她晦涩深奥的内心。在所有发生的事情中,有一种难以解释的必然性,一种可怕的满足感。她父亲的命运,通过基因的分配,在她的身上重演。作为父亲,罗伯特·德福鲁追随安妮·博林上断头台是再合适不过了。但在内心更深邃处,仍然还有阵阵奇怪的骚动。她和她的父亲有差异也有相似。毕竟,她不是男人,而是女人,有可能这不是重复,而是复仇吗?在经过了漫长的岁月之后,在这个令人震惊的结局中,她被谋杀的母亲终于出现了吗?生命之轮已经完全调转了方向。男子气概——这一迷人又可憎的存在,一开始是在她穿着黄色的盛装坐在她父亲的膝头的时候遇到的,最终却被推翻,而且应该在那个叛徒身上连根拔起。从表面上看,也许……她很明白怎样惩罚叛国罪。但不行!她讽刺地笑了笑。她不会剥夺埃塞克斯的地位和荣誉。只要他像许多其他人一样遭受痛苦,比如西摩上将,这就够了。将他砍头就行了。

所以恰好这是在伊丽莎白的生命中唯一没有犹豫的一次。这次审判是在二月十九日进行的,而处决的日期定在了二十五日。

伊丽莎白的确还是有一点摇摆不定，如果没有的话她就不是伊丽莎白了，但几乎察觉不到。二十三日，她发出消息说处决应该推迟。在二十四日，她又发出命令说应该继续进行。她没有进一步干扰执法的过程。

之后，流传着一个浪漫的故事，这使得最后的灾难成了一场戏剧性的事故的结局。这个故事是众所周知的：在快乐的日子里，女王是如何给了伯爵一枚戒指，并承诺，不管何时他把它寄回给她，她都会宽恕他，而埃塞克斯又是如何从伦敦塔的窗户探出身子来，把戒指委托给一个男孩，嘱咐他把它带给斯克罗普夫人，并请求把它交给女王陛下，而男孩又是如何错误地把戒指交给了斯克罗普夫人的姐姐，伯爵敌人的妻子诺丁汉夫人，以及诺丁汉夫人如何自己保存戒指，什么也没说，直到两年后在她临死所卧之床上，她把一切都告诉了女王，女王感叹道"上帝可以原谅你，但我永远不会！"这个悲剧就此落幕。其描述的细节有太多明显和历史不相符合，而且可证明的证词具有压倒性优势。卡姆登是当代历史学家中最重要的人物，他明确表示质疑其历史真实性。下一代的历史学家克拉伦登是能够知道这些历史事实的，但他认为这个故事明显是相互矛盾的。后来的作家包括学识丰富审慎而明智的兰克都质疑这个故事的真实性。而且可以肯定的是，我们会更了解这个悲伤故事的真相。埃塞克斯没有进行申诉。哭着请求原谅有什么用？如果伊丽莎白不倾听自己内心的声音，那她什么都听不进去。结局在沉默中登场：他终于明白了。像她的其他受害者一样，他太晚意识到他完全错误地判断了她的本性，从来没有丝毫控制她的可能性，她性格中的犹豫不决和崩溃只是一个令人难以置信的精致的表面，而内心深处全是铁石心肠。

他提出一个要求——他不想在公共场合被处决，政府乐意地答应了，因为目前，群众有可能为了他而引起暴乱。他应该处斩，像他之前的所有穷凶极恶的国家罪犯一样在伦敦塔的庭院中处斩。

一六零一年二月二十五日上午，在那里聚集了所有有资格见证这场不公开仪式的人。其中包括沃尔特·雷利。作为警卫队长，他有责任出席。而且他也曾经想过也许这个被谴责的人会有一些话要对他说，因此他在离断头台很近的地方选了一个位置。周围有人们在窃窃私语。既然伟大的伯爵落得如此悲惨的下场，是不是应该让他的敌人在蔑视的欢呼中围观呢？多么可耻的景象！雷利听到后很沮丧，立即默默地离开了。他进了白塔，登上了军械库，从那里通过一个窗口，这个心怀不轨的家伙对现场进行了审视。

行刑过程并不简短。这个时代要求在这样的场合应该有一个有尊严的仪式，而且可以通过一系列华丽和虔诚的俗套来进行可怕的体罚。埃塞克斯穿着一身黑色的斗篷，带着黑色的帽子，旁边有三位神职人员。走上绞刑架，他脱下帽子，向在场聚集的大臣们鞠躬。他诚恳地说了很久——一场精心安排的演说，一半是在演讲，一半是在祈祷。他承认了自己的罪恶，包括总体的和细节的。他说："我三十四岁的时候年少轻狂，以肆意、淫欲、污秽为荣，以骄傲、虚荣和对这个享乐世界的爱为荣，我的罪恶罄竹

209

难书。"他继续说:"为了这一切,我谦虚地恳求救主基督能让一个人作为调解人,说服不朽的上帝赦免我,特别是对于我最后的罪恶,这一严重的、血腥的、哭泣的、易传染的罪恶,由此,很多人因为爱我而冒犯了上帝,与他们的君主对抗,与世界对抗。我恳求上帝原谅我,这个所有人中最可恶的人。"他为女王的幸福祷告,"我在抗议活动中从来没有想过要她死,也没有对她施加任何暴力。"他宣称,他从来不是无神论者或天主教徒,只希望通过"我的救主耶稣基督"的善良和美德来获得上帝的救助。"我是怀着这样的信仰长大的,而现在我仍然准备怀着这样的信念死去;恳求所有人都用心和我一起祷告。"他思忖了一会,当他正准备脱掉他的斗篷的时候,一位神职人员提醒他,他应该祈祷上帝原谅他的敌人。他照做了,然后,把他的斗篷和飞边都脱下来了,穿着黑色的紧身上衣跪在断头台前。另一位神职人员鼓励他战胜对死亡的恐惧,因此,他坦诚而严肃地承认,在战斗中他"不止一次感受到了生命的脆弱,因此在这场伟大的冲突中,希望神能协助他让他更强大。"话毕,他向上凝望着,更加热情地向全能的上帝祈祷。他为王国中所有等级的人祷告,并重复了上帝的《祷文》。刽子手跪在他面前要求他原谅自己的行为,伯爵答应了。神职人员要求他练习教条,他做到了,一条条背诵了很多遍。他起身脱下紧身上衣,下面是一条猩红色的背心和猩红色袖子。他身材高大,面容英俊,头上没有戴帽子,金色的头发刚好齐肩,他最后一次站在世人面前。然后,转身,在断头台之前深深地鞠躬,他平躺在断头台上,并说当他伸展他手臂的时候就准备好了。"主啊,怜悯你的仆人吧!"他大声喊道,把头侧着靠在断头机的底部。"主啊,我向你献上我的灵魂。"瞬间出现了沉默,突然间两条红色的胳膊都伸展开来。刽子手用滑轮旋起斧头,然后向下砍去,身体没有移动,但是在头部被切断之前,这样的暴力动作重复了两次以上,血液喷涌而出。刽子手弯下腰,抓住头发,在旁观者面前举起头来,大声喊道:"天佑吾王!"

第十六章

塞桑普敦幸免于难。他年少无知，以及对埃塞克斯的浪漫性质的忠诚减轻了对他违法行为的惩罚，于是死刑判决改成了在塔内监禁。克里斯托弗·布朗特爵士和查尔斯·戴维斯爵士被斩首，吉利·梅里克爵士和亨利·卡夫被绞死。一些其他阴谋者被征收了巨额的罚款，但是没有被处决，政府的报复心没有预期的那么严重。佩内洛普·里奇与她的兄弟同时在埃塞克斯府邸被俘，现在被释放出来了。在他胜利的那刻，塞西尔希望不表现出仇恨，尽量发挥自己本能的温和脾性，并且对被打败的敌人尽可能有礼貌。一有机会可能向埃塞克斯夫人示好，他就能立刻抓住。伯爵的一个仆人丹尼尔得到了他的一些私人信件，并伪造了副本，以此来敲诈伯爵夫人，如果不给钱就将它们公之于众。她向塞西尔求救，他立马就采取了行动。这个无赖被抓了而且被带到了星法院，他精心准备好的判词中满是对伯爵夫人的盛情赞美。这个无赖的行为受到了谴责，而且判处他向她支付两千英镑，另外罚款一千英镑，并处以终身监禁，"上述丹尼尔的罪行不仅应该公之于众，而且为避免后人再犯同样的罪行，女王颁布法令如果有人再犯和丹尼尔一样的罪行，那么就得戴上颈手枷示众，耳朵钉在枷锁上，而且在他的额头上贴上一张纸，写上伪造罪、腐败欺骗罪和其他罪恶行为。"埃塞克斯夫人非常感激，给塞西尔的一封感谢信让我们短暂瞥见了在这个悲惨历史上最神秘的人物。弗朗西斯·沃尔辛厄姆对于我们来说依然蒙着神秘色彩，活跃在辉煌绚丽的舞台上，我们对他一无所知。我们只能根据想象去猜测，他拥有某种巨大的魅力以及满满的活力。因为两年后，这位西德尼和埃塞克斯的遗孀第三次结婚，嫁给了克兰里卡德伯爵。此后，她便消失了。

这次暴乱没有引起民众的反响，但政府仍然处于轻微的不安之中。政府急于说服公众埃塞克斯并没有成为政治阴谋的烈士，而是一个受到正义惩罚的危险罪犯。圣保罗的传道人收到命令要作出这样的讲道，但这还不够，政府决定打印并出版小册子对这一情况做出解释，同时附上官方证据摘录。显然培根就是开展这项工作的人。他受命行事，完稿之后送给女王和枢密院校对。于是便编出了《埃塞克斯伯爵罗伯特和其同谋叛国罪行概况》（附认罪书原文和其他部分的证据，原原本本一字不差）。这本小册子书写简洁清晰，正如预期的那样，相比培根在审判时对案件做出概述的观点，它的表达则更详细。这表明，这次起义是一个蓄谋已久的阴谋所导致的后果。这本书中的内容技巧丰富，干净利落。供词中的某些段落被偷偷删除了，但对证据的操纵减少到了最低限度，而且只有一个虚假的事实陈述。伯爵建议与爱尔兰军队一起入侵英格兰的日期被修改了。有人断言这是发生在出征对抗泰龙之后,而不是之前。因此,这不仅隐瞒了埃塞克斯的本性以及他的计划中的不确定性和波动性这一事实,而且进一步确认了培根的论点。通过巧妙地对证据做一系列小小的遗漏,便完全改变了起义之前事情的轻重,伯爵实际上持续到最后一刻的犹豫被抹去了,而使得伯爵进军城区看来在好几个星期之前就确定了。通过如此微小而精妙的手段,培根便达到了目的,人们不禁想他终究是否意识到自己使用了这样的手段。然而,这样简洁扼要,文笔干脆的文章,有可能是不经过思考就写出来的吗?谁能辨别呢?

作为对他工作的奖励,女王给了弗朗西斯·培根一千两百英镑的酬劳。于是他的财务状况很快就进一步得到了改善。在灾难性结局发生三个月后,弗朗西斯的哥哥安东尼得到了从未在这个世界上得到过的休息。一连串糟糕的事件——失去主人、兄弟,希望破灭,而愚蠢、激情和邪恶却获得胜利,打垮了他虚弱身体的最后支柱,即他那

弗朗西斯·培根

顽强的不屈不挠的精神。伯爵死后,弗朗西斯继承了他的一小笔财富,未来充满希望。财产——飞黄腾达——肉体和精神上的满足——喧嚣生活中的声誉、学问和权力,这些终于要来了吗?也许

吧，但是当这些东西纷至沓来之时，却再也无法和家人分享这种欢乐了。只有一个奇怪的尖叫打破了戈勒姆伯里的沉默。因为培根老太太最后精神不正常。她喋喋不休地说着上帝和伯爵，她的儿子和外甥，地狱之火和肆意的放纵，她在一连串的祷告和愤怒中过着混混沌沌的日子。像发疯似的，她蹒跚着，老态龙钟。她的脑海里开始遗忘很多事情。

罗伯特·塞西尔已经手握大权，但是这种控制权却夹杂着焦虑和警惕。他那强大的对手逝去之后，一场新的重大危机又降临到他的生活中——马尔伯爵到了伦敦。自从他离开苏格兰以后，情况就已经完全改变了，现在看来，好像詹姆斯的使者在英国宫廷中没什么用武之地。当他犹豫不决地等待时，他收到了塞西尔的消息，要求进行一次私人交谈。国务大臣看到了决定未来的关键。他说，如果詹姆斯愿意放弃对英格兰的公开抵抗政策和秘密的花招，能够信任他，任其处理一些必要细节，詹姆斯会发现，时间一到，所有的事情都会很好，他将会顺利实现转变，无须承担丝毫困难或危险就能获得英国的王位。这让马尔印象深刻，他回到了爱丁堡，并成功地让詹姆斯了解这件事情的重要性。国王与国务大臣之间开始了秘密通信。信件通过都柏林的中间人小心谨慎地传递着，机智而温和的塞西尔进一步拉近了和詹姆斯的距离。渐渐地，持续不断地，无声无息地，未来道路上的障碍被扫清了。随着那个必定到来的时刻的临近，国王的感激之情渐渐成为喜爱、崇拜之情。

对于塞西尔，当他观望和等待时，有一种可能的迹象最令他感到不安：伴随着埃塞克斯的衰落，雷利崛起了。女王指派他为泽西州总督，并开始雇用他处理外交事务，这事态将如何发展？你能想象到吗，整件事情的结局仅仅是女王换了危险的宠臣，而且更糟糕的是，冲动而无能的埃塞克斯将被雷利的邪恶力量所取代。再说，即使现在这个大胆的男人要从伊丽莎白那攫取更多的利益也为时已晚。但是，对于浪漫而敏感的詹姆斯来说，有什么致命的影响是他不可施加的呢？这必须引起注意，也确实被注意到了。国王的思想充分地感染了所需的情绪。塞西尔自己没怎么说，只说了一句话，仅此一次，但是亨利·霍华德爵士，作为塞西尔最亲密的盟友，被允许加入秘密通信，他在一封接一封的信件中倾吐出对雷利的一些毒辣警告和尖酸刻薄的谴责。不久之后，詹姆斯觉得雷利不仅令人讨厌，而且让人恐惧。雷利本人完全没有意识到，他似乎还认为他和国务大臣之间有一种温暖的友谊。他再次成为不幸的受害者。他之前的希望被埃塞克斯毁灭了。而纵使埃塞克斯被毁了，现在他仍然面临着一个更危险的对手。事实上，他满心恶毒所盼望的伯爵的毁灭将会成为他自己毁灭的序幕。当他从军械库里观看敌人被处决时，眼睛里充满了泪水。奇怪的是，他被这宏大的悲剧感化了！但是一些遥远的预兆是否也触动了他？是否有些对于结局的晦涩预言预测了最终他也会是这样的结局？

伊丽莎白的伟大统治又持续了两年，但是她行动的激情变得虚弱。而且她在公共事务上，笼罩着疲倦和拖延。只有一个地方在创造着历史，那就是爱尔兰。伊丽莎白选择芒乔伊是完全合理的。凭借无尽的技能和精力,他将泰龙的力量消耗殆尽。所有天主教欧洲人为泰龙祈祷是无济于事的,教皇给他一只凤凰的羽毛是无济于事的,三千西班牙人在金塞尔着陆也是徒劳的。芒乔伊在一场艰苦的战斗中赢得胜利,西班牙人被迫投降,泰龙被击退、追击、掠夺,最终被逼得走投无路。他再一次进行谈判和屈服。但这一次,在爱尔兰进行天主教统治的梦想最终破碎了,伊丽莎白已经取得了辉煌的胜利。但是泰龙奇怪的历史还没有结束,一些意想不到的砂砾还在时间的沙漏中等着他。他再一次成了管理阿尔斯特土地的伟大勋爵,他的封臣对他敬仰有加,他对此十分自豪。可是他又突然间与英国政府吵了起来,他一下子吓倒了,便逃跑了。长期以来,他与家人和随从一起经历了绝望的流亡,经过法国、佛兰德斯和德国,在这场模棱两可的阴谋中成了移动的目标。长期以来,教皇收留他、安置他、给他提供补贴,他默默地停止了冒险。而他也从我们面前消失了,沉浸在和平、懒惰和无价值的朦胧的漫长岁月中,在千篇一律的工作中被人遗忘。

晚年的伊丽莎白一世,作于1595年

伊丽莎白以超凡的勇气抵抗了第一次愤怒和悲伤的暴动,但是一种不可避免的反应随之而来,在充分意识到所发生的事情一直在对她施压之后,她紧张的神经开始失去控制。她的脾气变得比以往都更加暴躁和反复无常，有时候一连几天她都静坐着，心情忧郁。她几乎不能自己吃饭。约翰·哈灵顿爵士说："我们得将小份的面包圈和菊苣浓汤递到她的嘴边。"她身上总是佩戴着一把剑，当她刮起怒火风暴时，便一把抓住自己的剑，猛烈地来回用力踩，然后愤怒地刺入毯子里。有一次，当约翰爵士请求觐见时，得到了一个尖锐的回复。"去告诉那个机智的家伙——我的教子回家，现在不是开玩笑的时候。"说得太对了，他看着她，心里很悲伤。有时，她会把自己关在一个黑暗的房间里，突然哭泣。然后，她会皱着眉头走出来，如果在想象中发现有什么疏忽，便会责骂她的女侍者，直到她们泪流满面。

她仍然在处理政府的日常工作，虽然有时候有迹象表明，她一生中的习惯已经改变，她变得从未有过地粗心大意、健忘。对于那些注视着她行动的人来说，就好像内在的发条已经损坏，而机器依然继续运转，靠的仅仅是残存的动力。同时她的身体显示出令人震惊的衰落迹象。十月份当她召开议会的时候，发生了一个尴尬的场面。她穿着沉重的袍子站在上议院和下议院面前，身体突然摇晃，几位贵族急忙向前搀扶着她。没有他们，她就会倒在地上。

但实际上，女王一直以来的精神依然还在，她仍然能够镇住场面。经验丰富的魔术师的手可能会颤抖，但并没有失去将难以置信的兔子从帽子里拿出来的艺术。当议会会议开始时，女王发现大家普遍对垄断权这个问题有很大的不满。授予私人销售各种产品的独家经营权的项目正在增加，大家觉得需要进行压制。当关于这些项目的长名单在众议院被大声读出来的时候，一名议员插话说："怎么面包不在列？""如果下发命令，"另一位回答说，"在下一届议会之前，它就会在名单之列了。"垄断是伊丽莎白奖励她欣赏的人和宠臣的一种节俭的方法。埃塞克斯租赁的甜葡萄酒庄就是其中之一。抗议它们就相当于间接对抗皇家特权。伊丽莎白还不习惯忍受来自下议院的这种干扰。多少次因为这样，她非常不满地责骂他们，并且让他们在她面前卑躬屈膝，再把他们遣走！所以当传唤下议院议长的时候，人们并没有很惊讶，而这个可怜的人也已准备好接受强烈的谴责。令他非常震惊的是，女王非常亲切友好地接待了他。告诉他，她最近已经意识到"她授予的各种专利权对她的臣民影响很严重"，她向他保证，即使在处理重大事情的间隙，她也一直在考虑这个问题，而且她承诺立即改革。议长兴高采烈地离去了。她知道下议院的意见代表了子民对国家的感受，因此挑起冲突是不明智的，她明白政策要求她退让。当下议院的议员听说了女王的事情之后，都高兴得手舞足蹈，他们的不满转变为崇拜，思绪万千，半个世纪积累的爱戴突然间跃升至最高点。他们派代表团来表示感谢，她也郑重地接见了代表团。当代表团的全体人员在她面前下跪的时候，议长说道："满怀敬意和感激，我们拜倒在您的脚下，向您表达我们的忠诚和感恩之心，奉献我们的灵魂。祝您身体健康，平安幸福。"突然停顿了一会儿，然后有人高声叫道："议长先生，我认为你们是来向我表示谢意的，我怀着同样喜悦的心情接受你们表达的爱意和提供的礼物，这比任何的财宝都更让我珍重，因为财宝都是有

219

价的，而忠诚、爱和感谢则是无价之宝。虽然上帝让我身居王位，但我的统治与你们的爱同在，我觉得这就是王位的荣耀。"她停下来，告诉议员们站起来，因为她有更多的话对他们说。她继续说道，"当我听说了你们的意见之后，我会一直思考直到我真的成功改革，而那些将我所给予的恩惠胡乱挥霍的恶棍、流氓和施虐者给我听好，我绝对不会容忍。议长先生，告诉议会成员，我非常感激我已经从他们那里得到了这些信息。对于我自己，我必须说，我从来不是一个贪得无厌之人，也非一个一毛不拔的铁公鸡，更非一个铺张浪费之人。我的心思从来不在任何世俗之物上，而在我臣民的利益上。"停顿一会儿后，她以一种更加深层的语调继续讲，"当别人成为国王，戴上皇冠，他们只觉得这是巨大的荣耀，却看不到他们快乐与否。皇冠的忧虑和烦恼就像一位医术精湛的医生所给的加上了香料的药，或者裹上了糖衣的药丸，这样他们便变得更易让人接受，而实际上药是很苦的，难以下咽。对于我自己而言，如果不是为了对得起自己的良心，为了保持上帝的荣耀，保证你们的安全，我早就辞职了，卸下上帝分配给我的职责。就我个人的性情来说，我还是愿意让位给任何一个人，与此同时不再日夜操劳，也不再承受荣耀，因为给你们的生活带来福利就是我生活和继续统治的目的。虽然你们将来可能拥有许多更勇敢和聪明的君主坐在这个座位上，但你们不一定有像我这样深爱着你们的君主。"她最后努力地站起来，眼睛里散发出耀眼的光芒。她穿着宽敞的长裙，转身，挺拔而威严地走出了大厅。

第十七章

结局逐渐到来，而在这个暧昧的朝廷之上，拖延似乎已经不可避免。普通的例行程序继续进行，在她七十岁的时候，尽管年事已高，女王依然处理国事，保持进步，而且跳舞，引得很多大使透过帘布窥视其舞姿。但是有时候，会突然发生转变。虽然她的健康状况和精神面貌在身体机能中反复无常，但她的智慧依然散发出光芒，熟悉的爽朗大笑回荡在白厅。可随后她又重新陷入忧郁，厌恶生活中的一切事物。精神状态到了这种地步！这一切都一目了然，她那非同凡响的胜利只给她带来了孤独和毁灭。她独自坐在一旁，在空虚和废墟之中被剥夺了一件世界上唯一值得拥有的东西。但是事实不是这样的，她当时无能为力——她只是某些邪恶力量手中的傀儡，受制于一些现实结构中固有的可怕的影响。怀着这样的心情，加上其作为女王而无所顾忌的态度，她向所有接近她的人吐露心扉。她深深地叹息并做出悲哀的手势，不断重复埃塞克斯的名字。然后，她挥了挥手，叫这些无用的听众退下。内在的真理应该以外在的表现来更好地表达，最好独自一人。

在一六零二年的冬天,哈灵顿再次来到王宫,这次他和他的教母倾诉了一番。他告诉他的妻子:"我发现女王现在的情况堪忧。"当时正在与泰龙进行谈判,她忘了他们以前的谈话,于是问约翰爵士他是否见过这个叛军领头人。"我以敬畏的态度回答说,我曾经与总督见过他,她抬起头来,面带愤怒和悲伤地说:'哦,现在我知道你是在别的地方见过这个人的,'这时,她流下了眼泪,捶打她的胸口。"他想要用一些文学轶事来逗她开心,然后再为她读一两首他的押韵讽刺短诗。她浅浅地微笑着,说:"当你的生命慢慢地走向终结的时候,这些傻傻的笑话也就提不起兴趣了,我对这类东西早已欣赏不起来。"

随着新年的到来,她的精神再次振作起来,她参加了一些盛大的晚宴。然后她搬到了里士满①,出去透透气,换换环境。一六零三年三月,她终究还是倒下了。除了身体日益虚弱和思想愈加抑郁之外,没有非常明确的症状。她不允许医生靠近自己。她吃得很少,喝也只喝一点,在睡椅上一躺就是好几个小时。最后,她知道一些奇怪的危机正在临近。她挣扎着起来,但是失败了,她召集她的仆人扶她站起来。她站起来了,拒绝接受进一步的帮助,她依然保持不动,而周围的人则肃然起敬地默默看着。她太虚弱了,以至于无法走路,但是她还是有力气站起来的。如果她

---

① 里士满区(Richmond),早在500年前就是英国国王、女王们最青睐的地区,区内拥有英国凡尔赛宫之称的汉普顿宫、乔治王朝的邱园宫殿,以及众多王公大臣、富贵名流的别墅庄园。

回到座椅上，她知道自己就再也起不来了。那么，她愿意继续站着。这不是她一直喜欢的姿势吗？她正在不屈不挠地与死亡战斗。令人瞠目结舌的战斗持续了十五个小时。然后她屈服了，虽然她仍然宣称不愿意去睡觉。她一头倒在了软垫上，手指含在嘴里，安安静静地躺了四天四夜。同时，一种歇斯底里噩梦的氛围笼罩着王宫。空气中充满了厄运和恐怖。有一个侍女发现在椅子的底部订有一张红桃女王的纸牌。这可怕的迹象预示着什么？另一个侍女，离开女王的房间休息了一下，沿着画廊走，瞥见了一个人影在她的面前扫过，穿着熟悉的女王陛下的华丽服饰。恐惧让她乱了分寸，她原路返回，然后匆匆地赶回王室，看着女王静静地躺在枕头上，手指含在嘴里，就像她已经不在人世。

她身边的要臣恳求她听医生的话，到别的地方休息，但仍然没有用。最后塞西尔大胆地说："陛下，为了让百姓安心，您必须上床睡觉。""小矮人，小矮人，"女王答道，"'必须'这个词是能对君主说的吗？"她表示她希望听音乐，于是下人把乐器带进了房间。在雅致的旋律中，他们与女王交谈，她暂时舒了一口气。宗教信仰依然能够带给人安慰，但是对于她的顽固本性来说，这种礼节仪式的意义是暗淡模糊的。维金纳琴上的一个小调子相对于祷告而言，总是更能让她沉醉。最后她被扶到床上。塞西尔和其他议员聚集在她身边。国务大臣问道，关于她的接班人，她有没有做出任何指示？没有人回答。"苏格兰国王？"他暗示道。她做了一个手势，似乎她对于苏格兰国王表示同意。坎特伯雷大主教来了——老年的惠特吉夫特，跪在她身边，她曾经在那段快乐的时光里称他为她的"小黑丈夫"。他热切地祈祷了很长时间,现在,出乎意料的是,她似乎对他的祈祷还挺高兴。他不断地祈祷着,直到他的老膝盖酸痛,于是他移动了一步,好像要起来。但是她是不会允许的,于是他只好强忍着继续向上帝祈祷。女王允许他起来的时候已经是深夜了,他看到她已经睡熟了。她继续睡着,直到三月二十四日寒冷和黑暗的凌晨时刻,她的状况有变。当焦急的侍臣弯腰查看女王的情况时,女王那神秘莫测的灵魂再一次离开了他们。但是,这次真的永远地离开了。伊丽莎白女王只留下一副憔悴的躯壳。

与此同时,国务大臣独自一人在内室的桌子上写东西。原来所有的结局都被猜中,一切都早有安排,最后只需轻轻触动即可。现在,这重大的转变呼之即来。当手触动的时候,头脑中也涌现出万千思绪,悲叹人生的兴衰历程,回想起王朝的变革,清醒睿智地揣测着将发生的时局变化——两个民族将会统一,新的统治者将取得胜利,获得成功、权力和财富。于是英名流传千古,发展成为高贵的世系,伟大的家族。